연필, 그 사각거리는

연필, 그 사각거리는

홍재숙 수필집

계간문예

작가의 말

수필에, 탐닉하는 책과 여행과 영화를 스며들게 하고 싶었다.

동시대를 살아낸 혹은 다른 시대를 넘나들며 동일한 상처를 안은 그런 주제를 함께 묶어 인간의 길을 물었다.

스며들어 함께 되는 인연들을 들여다보며 그들과 관통하는 길을 담으려 했다.

나이가 포개지니 편안하다.

문학과 손잡고 깊은 골짜기로 들어가 소설에게 연서를 보내려한다.

2019년 2월 초록나무숲 서재에서

홍 재 숙

추천사

수필隨筆은 '따를 수, 붓 필' 로 된 말처럼 '붓 가는대로 따라 쓰는 글' 이라고 한다. 이것은 형식이나 제약에서의 자유를 뜻한다. 수필은 소설의 산문적인 내용을 시의 운문적인 기법으로 승화시켜 그려내므로 연륜과 경륜을 토양으로 하는 글이라고도 한다. 그래서 좋은 수필은 숙성된 인생의 향취와 심령을 흔드는 긴 여운을 갖게 되는 것이다. 일찍이 수필로 문단에 오른 홍재숙은 써놓은 수필이 많은데도 겸손해서 발표를 망설이고 있기에 내가 출판을 채근해온 터이기에 이번 출판은 더 반갑다. 홍 선생은 수필가로서의 연륜도 깊지만 문학의 여러 장르에서 활동하고 있는데 지금은 소설에 심취해 있기 때문에 그의 좋은 수필이 퇴색되지나 않을까 저어해서였다.

홍 선생은 여러 독서모임을 주도하고 있어 독서량이 대단하다. 작가적 역량은 독서량에 비례한다. 게다가 여행도 즐기므로 다독과 여행으로 쌓은 폭넓은 견문과 지성이 문학의 여러 장르에 걸쳐 발현되고 있다는 생각이다. 따라서 그의 수필은 이러한 모든 활동의 총화이기에 특별한 재미와 배움과 깨달음을 주고 있어 참으로 자랑스럽다. 큰 박수를 보낸다.

2019년 2월

김종상

■ 목차

2부

초록으로 사운거리는

3부

82년생과 52년생

4부

이스탄불의 소리

1

연분홍 추억 속으로

연필, 그 사각거리는

아직도 마음의 굳은살이 배기지 않았는지 마음이 흔들릴 때면 연필을 깎는다. 왼손 엄지손가락을 칼등에 대고 나무결 따라 길게 깎노라면 깊은 산속의 나무향이 그윽하게 퍼져서 내 안에 평화를 만든다.

지금은 연필로 포장되었으나 본디는 울창한 나무였던 존재를 느끼며 하얀 속살이 드러나도록 한 점 한 점 베어 내린다. 나무 향을 오래 붙잡아 놓고 싶어서 느리게 깎다가 이윽고 연필심 차례가 되었을 때는 어느덧 내 마음이 잔잔해져 있다. 이 찰나에는 칼날을 비스듬하게 세워 흑연이라 불리는 심을 다듬을 때 연필심이 내는 사각거리는 소리와 고운 모래처럼 떨어지는 심 부스러기조차도 경이롭게 보인다.

연필을 깎으면 아득하게 포개진 시간의 저 편 너머 국민학교(초등학교) 1학년 입학식이 눈앞에 펼쳐진다. 그때 나는 그 시대 유행의 하나였던 콧물닦이용 흰 손수건을 왼쪽 가슴에 옷핀으로 매달고 새 책가방에서 새 필통이 내는 덜렁거리는 소리를 기쁘게 들으며 어머니의 손을 잡고 학교에 갔다. 필통 속에는 간밤에 어머니가 공들여 깎아주신 연필 세 자루가 하얀 몸을 자랑하는 지우개와 같이 나처럼 설레고 있었다.

첫날 운동장 수업이었다. 음악 소리가 들리더니 율동을 할 아이들은 나오라는 마이크 소리가 들렸다. 아이들은 쭈빗쭈빗 앞으로 나가서 선생님의 몸짓에 맞추어 춤을 추었다. 너도 나가보라고 내 손을 떼어놓으려는 어머니의 손을 놓칠세라 꼭 잡은 나는 꿈쩍도 안했다. 생애 첫 부끄러움의 시작이었다. 집으로 돌아갈 때 으쓱대고 깡충거렸던 새 책가방이 갑자기 무거워 졌다.

"다 괜찮다."

연필향이 책상에 퍼질수록 왜 이 말도 같이 퍼지는 걸까. 어린 내가 연필을 깎다가 칼날에 베일까봐 연필을 깎으며 혼잣말을 하셨던 어머니의 괜찮다 라는 말이 아직도 나무 향과 버무려져 내게로 파고든다.

어머니는 나 혼자 연필을 깎아도 될 나이가 훨씬 지났을 때도 내 곁에서 연필을 깎으셨다. 늦은 밤 방문을 열고 들어와 필통에서 하루 온종일 글 쓰는 노동을 견디느라 뭉툭하게 닳아진 연필을 꺼내어 가지런히 놓으셨다. 그리고 느릿느릿 연필과 이야기를 나누듯 그렇게 깎으셨다.

어느 날은 연필 네 자루를 깎기까지 시간이 훌쩍 지나갈 때도 있었다. 다 깎으면 당신 자신에게 다짐하듯이 꼭 괜찮다 라고 마무리 하셨다. 공부를 하다가 어머니의 그 말이 들리면 나는 꼭 쳐다보았는데 그럴 때의 어머니 얼굴은 왠지 아주 슬퍼 보였다. 어머니가 깎아놓으신 연필 속살과 까만 심에서 풍기는 숲속 향기가 괜찮다 라는 한숨과 버무려져 오랫동안 방안에서 맴을 돌았다.

지금 와서 생각하니 어머니의 역설이 아니었을까 하는 생각이 든다.

'괜찮다' 라는 어머니의 속내는 오히려 가슴 속에 슬픔이 너무 가득차서 당신이 좋아하는 연필 깎는 작업으로 승화시키셨을 것 같다.

그 이면에는 너무나 고지식하고 강직한 아버지가 있다. 어머니의 표현을 빌리자면 돈이 쏟아져 들어오는 독립도 외면하고 박봉의 봉급으로 미련스럽게 한 길만 파셨던 아버지의 의리가 있다. 아버지는 일찍 돌아가신 부모님 대신으로 공장 경영자인 큰아버지를 받들어 모셨다. 당시에 경기도 농촌마을에서 소문이 자자했던 탈곡기 기술자인 아버지는 어머니의 성화에도 꿈쩍도 안 하셨다. 경제적인 풍요대신 얇은 봉투를 선택한 아버지의 고집으로 3남 3녀 자식들의 힘겨운 뒷바라지는 어머니 삶에 발목을 걸었다.

어머니는 여장부셨다. 고만고만한 아들 셋, 딸 셋과 전쟁 같은 하루하루를 치루면서도 모자라는 생활비를 벌기위해 집 앞에 가게를 내어 철물점을 여셨다. 근방에 하나밖에 없는 철물점이라 장사가 잘 되어 당시에 드믄 살림집이 딸린 3층 상가 건물을 짓고 건물 1층에 지물포가게를 내셨다. 아버지는 출근하시고 어머니 혼자서 장사와 살림을 도맡아 하시던 시절이다.

고단한 일상에게 화해를 하듯 사각사각 경건하게 연필을 깎던 나의 어머니. 마치 다 잘 될 거야. 나는 해낼 수 있어 라는 결의를 다지듯이 그 어떤 숭고한 의식 같은 것을 연필 깎기로 치르던 어머니의 모습이 출렁거린다.

팔순을 사나흘 앞둔 세밑 끝 무렵, 어머니는 밤마실을 다녀오다가 넘어지셨다. 연락을 받고 병원으로 달려가니 이미 수술이 끝나 침대에 엉치뼈를 고정시키는 기구를 차고 누워계셨다. 대퇴골고관절 뼈에 금이 갔다고 한다. 조심하시지 그랬냐는 잔소리와 함께 눈물을 떨구는 나를 보고 어머니는 부어오른 얼굴로 괜찮다며 웃으셨다. 괜찮다… 괜찮다… 정말 괜찮은 걸까… 입에 배어 익숙한 어머니의 속삭이는 소리가 애처롭게 병실 안을 날아 다녔다. 그 뒤로 두어 달 동안 세 오라버니와 여동생과 간호 당번을 나눴다. 매주 금요일부터 일요일까지 이박삼일을 어머니와 단둘이 데이트를 했다. 오롯이 딸로 되돌아간 시간이었다. 어머니가 풀어내시는 옛 이야기 속에 같이 빠져 거꾸로 시간을 달리던 그런 날들이었다.

어머니가 그리울 때면 연필을 깎는다. 사각사각 소리에 귀 기울이며 숨소리도 모우고 나무향이 온 방안에 퍼질 때까지 연필을 깎는다.

좀 더 잘해드릴 걸. 건강하셨을 때 더 많은 시간을 같이 보낼 걸. 어느 날 전화 목소리로 "보고 싶다. 놀러 와라." 하셨을 때 한걸음에 달려가지 못했다. 서울에서 인천 만수동까지의 먼 거리를 떠올리면서 "시간 내서 갈게요."라고 미적거렸던 것을 후회한다. 어머니는 나를 기다리지 않으셨다. 훌훌 아버지 곁으로 떠나셨다.

아직도 강화 산골짜기를 매섭게 할퀴던 바람을 기억한다. 아버지 곁에 어머니를 묻어드리던 날, 꽃샘추위가 찬바람을 몰고 사정없이 등을 때리던 날, 나는 어머니가 잠드실 자리를 우두망찰 바라보다가 아득해져서 휘청거렸다. 꼭 땅속으로 꺼져 들어갈 것 같았다. 상복 위에 입은 검은색 오리털 코트에서도 바람 소리가 서걱거렸다.

오늘도 나는 어머니가 그리우면 연필을 깎는다.
아직도 심이 길게 남아있는데도 연필을 깎는다.

아아, 으악새 슬피 우는 가을의 길목

올해도 아아, 으악새 슬피 우는 가을이 어김없이 찾아왔다. 먹먹하도록 간절히 보고 싶은 병이 슬그머니 도질 때이다.

속절없이 떨어진 낙엽은 바람을 원망하며 흐느껴 울고 자식을 떠나보낸 나무는 슬픔을 참고 의연하게 버티는 계절이다. 바로 이럴 때 후리후리한 키에 엄장이 큰 아버지가 뚜벅뚜벅 걸어온다.

아버지를 생각하면 불콰하게 약주 한 잔 걸치고 가슴 한구석에 묻어둔 노래 가락을 꺼내서 구성지게 부르던 모습이 떠오른다. 한없는 애수를 담아 비장하게 부르다가 꺾어지는 대목에 이르러서는 안으로 삭힌 숨을 살짝 내뿜는데 그 찰나에 나오는 흐느끼는 목소리가 못내 주위를 숙연하게 했다. 마치 절박한, 간절히 바라는 그 무엇이 뭉쳐 있다가 노래 밖으로 튀어나오는 것 같았다. 철벽바위 같은 사나이의 마음을 단번에 풀어놓은 주신酒神의 힘은 정말 대단했다.

아버지는 평소에는 가로로 그은 내 천川자를 이마에 올려놓고 입에는 거미가 줄을 칠 정도로 근엄하게 앉아 있다가, 어쩌다 한 마디라도 나올라치면 높낮이도 없는 굵은 저음으로, 아무리 쥐어짜도 물 한 방울 안 나올 것 같은 건조한 목소리로 주위를 얼어붙게 하셨다.

그러다가 술 너댓 잔이 들어가면 어느새 눈매가 둥그렇게 변하며 목소리는 보슬비를 촉촉이 맞은 나무처럼 물기가 배어나오면서 으악새 타령이 나왔다.

참 듣기가 좋았다. 그 유장한 노랫가락은 일상의 흐름을 멈춰 서게 하고, 벽에 붙어 큰소리로 뚝딱거리던 주인 닮은 괘종시계도 노래에 홀렸다. 그러다가 강물도 출렁출렁 목이 메인 한숨 소리와 함께 작은 음악회는 끝이 나고 한참 동안은 슬프고도 다정한 분위기가 주위를 감쌌다.

"내가 카수가 꿈이었는데. 내 노래 듣고 카수하라고 주위에서 얼마나 등을 떼밀었는데…"

노래 따라 못다 이룬 꿈속으로 들어가는 아버지의 얼굴은 빛났다.

나는 그때, 꿈이란 이렇게 지나간 시간을 불러내어 행복의 보따리를 조금씩 풀어주는구나, 간절히 가고 싶었으나 가보지 못한 길을 저리도 그리워하게 해주는구나 하고 감탄했다. 노래의 여운은 지나친 그 세월이 나를 울릴 정도로 향기가 독했다.

아버지는 소년 시절에 부모님을 열병으로 한 날 한 시에 잃었다고 했다. 그래서 형님을 부모 대신으로 섬기며 꾸지람을 내릴라치면 무릎 꿇고 이야기를 듣는 고지식한 동생이었다.

아버지는 동네 씨름대회에 나가 우승을 해서 쌀가마니를 타오던 건장한 청년이었다. 이웃에 사는 중매쟁이 아줌마 소개로 정릉에 사는 어머니와 혼례를 치르고 내리 아들 셋, 딸 셋을 거느린 가장이 되셨다.

아버지는 큰아버지가 차린 탈곡기 공장에서 손재주가 뛰어난 기술자였다. 아버지의 숙련된 손을 거치면 삐죽삐죽 튀어나온 원통형 상자가 어느새 탈곡기로 태어나 알곡을 털어냈다. 털털털 힘차게 돌아가는 기계 소리는 경기도 소사(부천)에서 수원까지 퍼졌고, 끊임없는 노동으로 팔뚝이 단단해질수록 일류 기술자 소리를 들었다. 그러나 아버지가 가보고 싶어 한 오솔길에는 언제나 꿈이 부르는 소리가 들렸다.

"노. 래. 방. 가. 고. 싶. 다."

대한민국에 노래방이 고개를 내밀기 시작할 때였다.

세월은 시간 도둑 같아서 훔쳐다가 쌓아놓고 젊음도 훔쳐서 포개놓았다. 아버지는 세월이 내민 백발의 지팡이를 잡고 누워계셨다. 너무나 쇠약해져서 하루 종일 네모난 방에 갇혀서 저 혼자 떠드는 티브이와 함께 친구로 지낼 때였다.

아버지를 보러 친정에 온 나는, 큰 오라비와 함께 선산을 보러 가신 어머니 대신 병구완을 했다. 마침 티브이 화면에서는 나이 지긋한 트로트 가수가 흘러간 옛 노래를 구성지게 부르고 있었다. 흐느끼는 색소폰 소리에 맞추어 추임새를 넣는 가수의 얼굴이 화면 가득 찰 때였다.

"우리 동네에도 노래방이 들어왔나."

하시며 들릴 듯 말 듯 따라 부르셨다.

"우리도 한 번 가보지요."

아버지하고 약속을 했으나 지키지 못했다.

"노. 래. 방. 가. 고. 싶. 다."

아아, 으악새 슬피 우는 가을의 길목이 다가오면 이 말씀이 나를 울린다. 이렇게 회한에 가득 찰 줄 알았더라면 업고라도 가서 가수처럼 폼나게 마이크를 쥐어드릴 걸 그랬다. 팔뚝이 꿀렁해진 손을 꼭 잡고 소원을 풀어드릴 걸 그랬다.

아아, 으악새 슬피 우는 이 가을에, 정말… 아버지가… 그립다.

연분홍 추억 속으로

내 생애 전반기를 나와 함께 보낸 나무는 복숭아나무이다. 가만히 추억을 불러보면 아직도 바람에 하르르 흩날리며 떨어지는 연분홍빛 복숭아 꽃잎의 영상이 선연하다.

나의 소녀 시절을 관통했던 그 시기에는 언제나 내 곁에 난분분 허공으로 낱낱이 해체되어 춤을 추던 복숭아 꽃잎이 있었다. 꽃나무 터널 속에서 두 다리 쭉 뻗고 책 속에 코를 빠트리고 있는 내가 보인다.

어느 해 부모님은 살림집으로 복숭아나무 과수원과 담장을 맞댄 이층집을 사셨다. 전에 살던 북적거리는 시장 골목에 자리 잡은 삼층 건물 가겟집에서 반시간 정도 떨어진 집이다. 양쪽으로 나무가 울창한 한가하고 고요한 길을 걸어가면 《대지》로 노벨문학상을 수상한 미국작가 펄S. 벅이 설립한 <한국펄벅재단>이 있는 바로 그 동네이다. 우리나라 국민들이 애칭으로 '펄벅 여사' 라고 부르던 작가는 <소사희망원>을 세워 2천 명의 전쟁 고아와 혼혈 아동을 보살필 정도로 한국을 사랑했다.

소사읍 심곡리 지번에 속한 우리 집은 펄벅재단과 언덕길을 마주보고 새로 건축된 주택단지 맨 끝에 있는 집이었다. 푸른색 철 대문을 열고 들어서면 복숭아 과수원과 우리 집을 경계 짓던 담장에, 바짝 붙여서 지은 야트막한 창고 옥상에 나란히 앉은 장독대가 아직도 눈에 아른거린다.

이사 온 첫날, 새 집을 구석구석 탐험 하던 중에 옹기종기 모여 있는 배가 불뚝 부른 큰 항아리들 틈 속에서 아무에게도 들키지 않고 숨을 공간을 발견했다. 그때의 그 기쁨이라니! 나는 귀한 보물을 찾은 양 얼굴을 발그레 붉혔다.

여기에 마침 옆집 과수원의 복숭아나무 서너 그루가 한꺼번에 가지를 쭉 뻗어서 둥그렇게 꽃그늘을 만들어 주었다. 책읽기가 유일한 취미인 나에게 딱 맞는 나만의 비밀 공간이 되었다. 뜻하지 않은 횡재에 가슴이 두근거렸다.

나는 집안으로 뛰어가서 돗자리를 가져와 바닥에 깔고 오라버니 책장에 꽂힌 두터운 대하소설을 꺼내어 틀어박혀서 읽어대었다. 10권, 20권짜리 책들인 홍명희의 《임꺽정》 《광복》 일본소설 《대망》 삼중당의 《세계문학전집》 《한국대표문학전집》 같은 소설은 나에게 즐거운 정복 대상이었다.

부드러운 봄날에 복숭아 꽃나무는 내 뺨을 간질이고 제 풀에 놀란 연분홍 꽃잎은 책갈피에 팔랑거리며 떨어져 그대로 그림이 되었던 행복했던 시절이었다.

"재숙아."

아직도 내 이름을 길게 끄는 어머니의 목소리가 생생하다. 시장 통 가게에서 지물포를 하시랴, 때가 되면 살림집으로 건너와서 식구들의 끼니를 챙기랴, 어머니의 종종거리는 발걸음은 언제나 하루해를 밀어냈다.

지금 생각하면 어머니께 죄송하다. 나는 부엌일은 통 모르쇠인 맏딸이었다. 얼마나 속을 태우셨을까. 아버지와 아들 셋, 딸 셋… 어머니 당신까지 합해서 8식구의 끼니를 해결하느라 발바닥에 불이 붙으셨을 게다. 그러기에 아직도 목청껏 나를 찾던 어머니의 목소리가 내 마음 속 우물에서 울린다.

틈만 나면 책을 끼고 사라지는 나 대신, 살림살이에 관심이 많은 막내 오라비와 막내 여동생이 부엌에 들락날락 했던 풍경이 아련하다.

"일 하는 데 꾀순이고 먹는 데는 먹순인데 이를 어쩌누."

살아계실 때 어머니가 나만 보면 놀리던 말씀이, 지금도 "엄마" 하고 허공에 부르면 맨 먼저 나에게로 달려온다.

그렇게도 집안일에는 모르쇠이고 사회에 뿌리 내리기 바빴던 내가 결혼이라는 선택과 함께 어머니의 뒤를 이어 받았다. 자유인으로 날개를 펼치다가 하루아침에 4대가 북적거리는 집안의 '맏며느리 자리' 로 옮겨와 맏이라는 엄숙한 책임과 의무를 어깨에 짊어졌다. 전혀 다른 환경으로 옮겨와 세월과 함께 좌충우돌 씨름을 했다.

세월이 이겼다. 세월은 그동안 나에게 대가족이 함께 사는 북적거리는 시간을 견딜 수 있는 힘을 불어 넣어주었고 나를 철들게 했다. 세월은 하늘에 계신 아버지 어머니 대신 시부모님과 화락하라고 나의 내면에 깊은 성찰의 힘을 실어주고 있다.

때때로 내 귀에 강렬한 록 음악이 쟁쟁하게 들려온다. 펄벅재단에 살았던 얼굴이 유달리 흰 혼혈 미소년이 <복사골가요제>에서 악을 쓰며 불렀던 노랫소리가 연분홍 꽃잎과 함께 맴을 돈다. 반항적인 음색이기에 더욱 슬퍼보였던 그 소년이 부르던, '마이 마더' 하고 박자를 길게 끌던 노래 가사가 마치 떠나간 엄마를 원망하는 것 같은 처연한 아름다움으로 추억의 책갈피에 꽂혀 있다.

세월이 흘러서 지금은 나처럼 중년의 고개를 훠이훠이 걸어갈 그 소년이 여전히 내 마음에는 슬픔 가득한 미소년으로 남아있다.

한옥살이

한옥에서의 살림살이는 자연과 함께하는 삶이다. 여름나절 대청마루에 앉아있으면 활짝 열어젖힌 쪽문은 그림틀이 되어 뒤란의 풍경을 그대로 담아서 보여준다. 돌담 밑에서 생글거리는 꽃들이며 풀숲을 날아다니는 새들로 쪽문은 살아있는 그림틀이다. 추녀는 뒤뜰에 시원한 그늘을 깔아놓고 유혹의 눈짓을 보내는데, 손바닥만 한 볕에도 바위취는 땅을 기어 다니며 푸른 군락을 이룬다. 진분홍빛 모란이나 함박웃음을 던져주던 함박꽃의 모습은 아직도 내 마음 속에 팔곡 꽃병풍같은 풍경으로 남아있다.

이십대 중반에서 사십대 중반까지 살아온 나의 한옥살이는, 지금도 나만의 곳간에 숨겨온 소중한 추억이다. 곳간 문을 열면 꽃향기와 함께 사계절 자연의 모습이 물씬 풍겨 나온다.

신혼여행을 다녀와서 경첩소리 묵직한 시댁의 대문을 들어섰을 때였다. 제일 먼저 엉기성기 숱 없는 쪽진 머리에 은비녀를 꽂고 연푸른 한복을 입은 시할머니가 나를 맞이했다. 할머니는 바가지를 문턱에 턱 엎어 놓더니 힘차게 밟고 넘어오라고 하셨다. 얼떨결에 꾹 눌러 밟았더니 와지직 박 깨지는 소리가 요란했다. 박 바가지 깨지는 소리는 앞으로 내가 마주해야할 전혀 다른 환경 건너편으로 안내해주는 소리로 들려 아득해졌다.

"됐다. 소리가 크다. 예쁘게 잘 부서졌네."

왁자하게 터지는 웃음소리와 함께 여러 얼굴들이 웃음을 입에 물고 나를 향해 손짓했다. 중정 마당으로 뚫린 하늘에서 쏟아져 내리는 햇살에 눈이 부셨다. 안마당에서 구경하던 사람들은 어서 들어오라고 했다. 흰 구름 한 덩이가 스르르 내려와 우물물로 내려앉던 따듯한 사월이었다.

어떤 주술이었을까. 시할머니의 지휘로 손자며느리 맞이하는 절차는 한양 조씨 가문으로 들어오는 며느리들의 통과의례였다. 시어머니도, 시할머니도, 또 윗대의 무수한 며느리들도 모두 이런 절차를 밟으며 시집 대문으로 들어섰으리라. 그날부터 나는, 열한 식구의 대가족이 사는 한옥살이의 일원이 되었다.

한옥은 바람의 집이다. 사방팔방으로 뚫린 구조는'자연친화적이라서 바람을 쉼 없이 불러들인다. 바람은 시어머니가 복 많이 들어오라고 사계절 내내 새벽부터 어스름 저녁까지 활짝 열어놓은 대문으로 으쓱거리며 들어온다. 기와지붕을 타고 장난꾸러기처럼 중정 안마당으로 거꾸로 들어오면서 대청마루 밑 깊은 구석구석까지 휘둘러보고, 부엌 쪽문으로 나가서 햇볕에 벌겋게 달궈진 장독대에 드러눕기도 한다. 어떤 바람은 심심한지 안마당에서 맴을 돌다가 우물가에 놓인 스텐 세수대야를 건드려 짤랑 소리를 내고 흰 고무신에 흙먼지를 뿌려놓고 달아난다.

한옥은 하늘과 소통한다. 미음자 형태로 지어진 안채의 방문들은 모두

안마당을 바라본다. 안방과 건넌방 사이에 앉은 대청마루도, 사랑채 방문도, 바깥채 방문도 모두 중정을 통해 하늘을 본다.

애초에 시어머니는 건넌방을 아들 며느리 방으로 주려고 내 생각을 물으셨다. 나는 건넌방에서 열 걸음도 안 되는 안방을 바라보며 드나드는 소리를 걱정했다. 창호 문을 통해 대청마루를 건너 안방으로 스며들 소리의 자유를 상상했다. 감추고 싶은 소리가 여과 없이 이 방에서 저 방으로 핑퐁처럼 날아다닐 거라는 생각에 망설임 없이 바깥방을 우리의 방으로 선택했다.

유리창 덧문이 따듯하게 보호해 주는 건넌방 대신 바깥채 방은 거친 들판이었다. 네모나게 열린 하늘로 자연이 고스란히 뛰어 들어왔다. 방문을 열면 기다렸다는 듯이 사계절의 자연이 나에게로 안겨왔다. 비오는 날이면 빗줄기가 빗금을 그으며 방문 앞 신발을 흠뻑 적시고, 눈이 오면 꽁꽁 얼은 신발 안에 눈이 소복하게 쌓였다.

한옥의 여름날 저녁나절은 어떠한가. 온 동네 모기는 모두가 몰려오는 듯 모기장 바깥은 윙윙대는 모기들 소리로 가득 찼다. 다섯 개 방의 전자 모기향은 향으로 파수를 서고 부엌문 앞 동그라미 모기향은 밤새도록 제 몸을 하얗게 태우며 매운 냄새를 피워 모기를 쫓았다.

어느 해 여름, 손바닥에서 느껴졌던 차가운 감촉이 아직도 생생하다. 잠자다가 손바닥에서 차갑게 물컹거리는 덩어리가 만져졌다. 소스라치게 놀라 눈을 떠 보니 달빛 아래 아주 작은 연두색 청개구리가 내 손바닥에 오도카니 앉아있었다. 비명을 지르면서 모기장을 들추고 손바닥을 털었다. 어떻게 들어왔을까. 철통같이 방어를 했는데도 모기장 안으로 들어오다니, 개구리도 모기의 등쌀에 못 견뎠나 보다.

한옥의 가을은 썰렁한 바람이 먼저 찾아온다. 바람은 하루 온종일 마음 내키는 대로 집안을 냉기로 가득 채운다. 어머님의 대문 열어놓는 습관 덕분이었다. 꼭두새벽부터 대문을 활짝 열어 놓아야 복이 들어온다고 굳게 믿는 어머님의 거룩한 하루 행사에 춥다는 말은 쑥 들어가고 그런가보다 하고 견디던 시절이었다.

우리 동네는 서울하고도 특별시 강 서쪽에 자리 잡은 방화동이다. 더딘 발전으로 수도가 들어오지 않아 집집마다 우물을 파거나 펌프를 썼다. 우리 집 대문은 우물과 펌프가 마주 보고 있었다. 빨래를 하려면 두툼한 솜옷으로 중무장을 해야 했다. 빨랫돌에는 얼음이 박히고 바람은 차디찬 손으로 사정없이 파고들어 온 몸이 시려왔다.

지금도 눈을 감으면 4대가 함께 사는 대가족의 편안한 일상을 위해 하루 종일 종종거렸던 어머님과 내가 보인다. 식구에게 바친 노동의 시간들이다. 한옥이 주는 묵직한 관습에 눌려 어머님을 따라 해냈던 한옥살이이다.

한옥의 겨울나기는 연탄과의 씨름이다. 다섯 방 아궁이에서 나오는 끊임없는 연탄은 어머님께 물려받은 고행이다. 일상의 일을 바깥에서 해결해야 하는 한옥의 구조가 삶의 힘든 골짜기를 만들었던 시절이었다.

"빨간불이 위로 가나요? 까만 게 위로 가나요?"

며느리에게 연탄불 가는 시범을 보여주려는 시어머니를 기함시켰던 그날부터 나와 연탄과의 고된 싸움은 시작되었다. 연탄을 갈 때 힘을 써야 한다는 사실을 알게 되면서 허드레물로 쓰일 설설 끓는 무거운 물솥에 익숙해졌다. 연탄이 뜨거운 사랑으로 서로 맞붙어있을 때도 있었다. 강제로 헤어지게 하는 요령도 배웠다. 연탄집게로 조심스럽게 집어 땅바닥에 내려놓고 맞붙은 곳을 부엌칼로 살살 치면 몸체에서 떨어져 나온 부스러기 불꽃은 바람과 만나 푸른 불로 이글거렸다. 딸아이들을 위한

내 사랑도 그렇게 이글거렸던 시절이었다.

어느 해 겨울 어스름 저녁, 연탄불을 갈다가 허리를 삐끗해서 병원으로 실려 갔다. 보금자리를 찾지 못 한 심술궂은 바람 때문이었다. 무거운 물솥을 드는 순간 바람이 등 뒤로 달려들었다. 한 달 보름을 대학병원에 누워있으면서 한옥에서 풀려난 안도감에 깊은 잠 속에 빠져들었다. 잠의 늪에 빠져 편안한 휴식을 맞이했다.

한옥을 헐고 지금 살고 있는 삼층 양옥을 지었다. 시할아버지가 처남들과 함께 압구정동 큰댁 산에서 아름드리 소나무를 베어 뗏목을 만들어 한강을 타고 가져와 지으셨다는 한옥이다. 한옥을 허물 때 지붕과 벽채를 이루었던 재목들이 뿔뿔이 흩어졌다. 지금 생각하면 상량문이 적힌 마룻대(중방)라도 간직할 걸 그랬다고 추억의 곳간이 허전해 한다.

90세 노인, 하루와 악수하기

벌써 긴긴 여름날의 중심인 칠월도 들큼한 날들이 까만 숫자를 종종걸음 치더니 마지막 주 토요일에 머문다. 오늘도 어느새 반이나 지나가서 내일이 들어올 자리를 비워주려고 오늘을 접어 올리고 있다.

시간은 매정하다. 오늘이 가는 것이 아니라 내일이 밀고 다가오는 것이다. 그러면 어쩔 수 없이 오늘은 현재의 모든 것을 쓸어안고 어제가 되어 물러나고 내일은 새로운 오늘로 자리하기 마련이다. 그렇게 물러가는 오늘에 실려 세월은 흘러가고 인생도 낡아간다. 흐르다가 오늘과 물러나서 저만치에 날日들을 쌓아놓는다. 그러면 기다렸다는 듯이 내일이라는 이름의 또 다른 오늘이 시간과 손을 잡고 일상을 만들어간다. 그리하여 우리도 지나가는 하루를 지루하게 빈둥거렸거나 종종걸음 쳤거나 시간이 쌓아놓은 세월의 두께만큼이나 더해진 나이 앞에 겸허히 서 있게 된다.

혼자 사는 시동생의 집을 돌봐주러 가신 어머님을 기다리는 아버님이 심심해 보였던지 큰딸은 할아버지도 같이 가시지 그랬냐고 말을 건다.

옆에서 나는 "그래도 우리 집이 편하지요?"라고 했더니 아버님은 이내 이맛살을 찌푸리며 응으으응 하고 알아듣지도 못하는 말씀을 하신다. 의외로 언짢은 반응에 잘못 들었나 하고 다시 한 번 여쭤보아도 똑같은 표정이시다.

순간 딸애는 어떡해 하는 걱정스러운 표정으로 나를 쳐다보고 나는 아버님의 얼굴에서 어두운 그림자와 주체 못해서 축 늘어진 시간을 읽는다.

내년과 내후년이면 연이어 구순이 되시는 아버님과 어머님의 하루하루는 햇볕 아래 놓인 엿가락처럼 끝없이 길다. 맥없이 길게 흐물거리는 느낌이다. 두 분의 하루는 날日이 바뀌어 새 얼굴로 찾아와도 어김없는 그 모습 그대로이다. 아침식사 후에 9시 연속극을 보다가 나라에서 운영하는 사랑방인 노인정 대신 개인이 노인들을 상대로 장사하는 체험관으로 출근하신다.

그곳은 아무리 날씨가 궂어도 빠지지 않고 모범생마냥 찾아오는 노인들을 친절이 넘치도록 반갑게 맞이한다. 뜨끈뜨끈하게 데어놓은 여러 대의 건강 운동 기계에 번호표 순서대로 앉히며 '건강과 장수'라는 인류 최대의 화두를 판다.

노인들은 장삿속인 줄 뻔히 알면서도 상냥하게 대해주고 떠받들어 주는 재미에 이끌려서 체험관으로 모여든다. 시간의 흐름과 함께 시계처럼 열심히 살았던 노인들은 어느덧 세월이 건네준 백발의 지팡이를 의지하며 100세 시대만큼이나 늘어진 하루를 소비하기 위해 기꺼이 돈을 지불한다. 그리고는 그 값어치로 주머니에 꽁꽁 꿰찼던 쌈짓돈을 푼다.

빛바랜 세월만큼이나 마음이 약해진 노인들은 혹시라도 공짜로 기계를 쓰는 가난한 노인이라는 천덕꾸러기가 될까봐 슬금슬금 눈치를 봐가면서 그들이 권하는 건강을 보장해 준다는 물건들을 사 들인다. 세치 혀를 달콤하게 놀려서 인삼을 하늘이 내린 천삼으로 둔갑을 시켜 액기스 30포를 가지고 몇십만 원으로 팔았다. 여기에 덤으로 흰 가운 입은 사람을 떡 허니 불러서 혈액 검사를 해준다고 요상한 기계를 손목에 채우고 "할아버지는 뭐가 부족하시네요. 할머니는 이게 부족하네요." 하면서 의학용어를 슬쩍 곁들이는 작전을 편다.

체험관에서 받아온 흔하디흔한 인삼 액기스의 출현은 집집마다 분란을 가져오고, 이미 봉지를 뜯었기에 차마 도로 무르라는 말을 못하는 자식들의 마음은 숯검정이 된다. 우리 집도 "우리가 살면 얼마나 살겠니? 이게 마지막이다." 하시며 당신들이 안 쓰고 아끼면서 모아놓았던 꾸깃꾸깃한 주머니돈을 풀어 턱 허니 천삼이란 것을 사들이셨으니 말리기가 어려웠다.

아버님 어머님은 바로 집 모퉁이만 돌면 번듯하게 이층집으로 잘 꾸며져 있는 경로당이 있는데도 놀러가지 않는다. 아버님은 왕년에 제 2대 치현노인회장으로 장기집권을 했는데도 경로당 말만 꺼내면 고개를 흔드신다. 그럴 때의 아버님의 얼굴에는 어떤 비장한 결기가 흐르며 결코 다시는 발걸음을 안 하겠다는 의지를 뿜어내신다.

"회장님이 풍을 맞았대. 아이고야, 어떡하다가…" 모두들 수군거릴 거라고 지레짐작을 하며 경로당 회장직을 내려놓고는 아예 그쪽으로 고개도 안 돌리셨다.

빳빳했던 아버님의 자존심이 허물어진 것은 아홉 해 전 유월의 어느 날, 뇌경색이란 병마에 쓰러지고 부터였다. 그날 오전에 볼일을 보러 우체국을 다녀왔던 것을 끝으로 한 달 동안의 병원생활을 마치면서 아버님은 그동안 해왔던 사회활동을 내려놓았다. 말씨도 어눌해지고 몸까지 말을 안 들으니 스스로도 처량하신지 경로당 가까이 붙은 공원에도 가지 않으셨다.

동네일이라면 구청으로 동사무소로 부지런히 뛰어다니며 여러 문제를 해결하시던 아버님의 열정이 이제는 공로패로 옮겨져 거실에서 얌전하게 꾸벅거리고 졸고 있다.

100세 시대의 노인들은 외롭다. 무한정의 시간이기에 새벽에 눈을 뜨는 것도 심드렁하다. 또 다시 하루가 찾아왔기에 일어날 뿐이다. 각자에게 주어진 환경으로 아침밥을 먹고 종로3가로, 잠실역으로 혹은 동네 체험관이나 노인정으로 시간을 소비하러 간다. 효자 노릇을 톡톡히 하는 공짜 지하철을 타고 걸을 수 있는 축복으로 하루와 악수한다.

하루가 모두에게 공평한 시간을 내어주면 젊은이들은 바쁘다고 종종거리고 노인들은 느즈러지며 시간을 소비할 걱정을 한다. 내일은 팔짱을 끼고 기웃거리며 기다린다.

시부모님은 오늘도 맏아들인 남편이 운전하는 차를 타고 시장통 2층에 있는 체험관으로 출근하신다. 꿈지럭거리며 걸을 수 있을 때까지 가신다는 마음이다. 두 분은 그곳에서 오전을 소비하고 오후에는 집에서 쉬신다. 시간의 몸살을 앓는 100세 시대에 90세 노인이 하루를 잘 보내기 위한 궁여지책이다.

아들보다 더 좋은 학교

오늘도 시부모님은 '아들보다 더 좋은 학교' 에 놀러 가신다. 장대비가 땅을 향해 맹렬하게 돌진할 때도, 바람이 한바탕 거리 청소를 하는 흐린 아침에도 여전히 아버님 어머님은 앞서거니 뒤서거니 집을 나선다. 덩달아 칠십을 코앞에 둔 맏아들은 부모님을 모셔다주려 부르릉 시동 거느라 바쁘다.

두 분이 다니는 아들보다 더 좋은 학교는 북적거리는 방신시장 허름한 2층에 <한국000의료기>란 거창한 간판을 내걸고 마음을 훔치는 장사를 한다. 적적하고 외로워서 하루해가 긴 노인들이 들어가면 아들 나이 정도 되는 직원들이 환하게 맞이해주며 곰살궂게 팔짱도 껴주면서 어깨를 주물러준다. 2시간 내내 재미있고 다정하게 놀아주며 사이사이 건강하게 오래 사는 방법까지 가르쳐 준다. 여기에 덧붙여서 노인들의 자존감을 끊임없이 높여주면서 무뚝뚝한 친아들보다 더한 사랑과 관심으로 마음을 훔친다.

노인들은 자식보다 더 잘해주는 직원들에게 어느새 마음이 헤벌쭉 풀어져서 꽁꽁 여민 주머니 끈이 풀어지는 줄도 모르고 그저 흐뭇하기 만하다.

1.

시어머니의 초기 순례는 '묻지마 공짜'에서부터 비롯되었다. 업체는 화장지, 달걀, 보리쌀, 가래떡, 주방세제 같은 공짜 선물을 듬뿍 안겨주면서 "우리 업체는 절대로 물건을 강요하지 않습니다."라는 멘트까지 날리면서 2시간 꼬박 노인들을 예우해주며 환심을 사는 신바람 상술을 펼쳤다. 여기에 하루가 심심한 동네 할머니들은 입소문을 내며 몰려들었고 어머님도 친구 따라 다니기 시작했다.

매일 방문하면 경품까지 지급하는 등 상품을 사라는 말은 일절 안한 채 일주일 동안 인심 좋게 공짜 선물 세례를 퍼붓던 끝에 드디어 슬슬 상술이 나왔다.

"에구, 미안해서 어째. 시늉이라도 이 정도는 사줘야 쓰겠네."

로 시작된 어머님의 미안한 구매는 매일 티스푼으로 한 숟가락씩 만 먹으면 만 가지 병을 다스린다는 소금이었다. 누가 보아도 평범한 소금이 십만 원이라는 가격으로 둔갑하여 조그만 통에 담겨서 화장대에 귀하게 얹혀졌다. 어머님의 용돈으로 드린 내 돈도 한 몫 하였다.

연이어서 고3 수험생이 깔고 앉으면 뇌세포가 살아 움직여 성적이 오른다는 금박실로 두른 오만 원짜리 솜 방석은 막내딸 의자에게로 돌아갔고, 이건 비싼 베개이니 꼭 베고 자라 하시며 끝내 가격을 가르쳐주지 않은 회색빛 프라스틱 잘디잔 둥근 조각이 잔뜩 들어있는 베개가 어머님 방과 우리 방에 들어왔다.

가격은 점점 올라, 두 분이 지켜보는 보는 앞에서 빻았다는 홍삼은 저리가라는 흑삼가루의 등장과 함께, 드디어는 원적외선이 나오고 전자파가 생기지 않는다는 사십만 원짜리 온수매트가 등장했다. 어머님과 함께 집에 온 중년 남자의 배치로 안방에 놓여졌다. 그동안 장롱에서 잠자고 있던 어머님의 돈은 남자의 호주머니로 들어갔고 남자는 내 눈과 마주치자마자 황급히 구두를 신고 현관문으로 달려갔다. 집에는 여전히 어머님의 미안한 구매 물건이 슬금슬금 들어왔고 동시에 쌈지 돈 주머니도 가벼워지기 시작했다.

2.

한동안 뜸했던 어머님의 순례는 불교를 도용한 <000업체>에 꽂히셨다. 어느 날 친한 할머니의 소개로 발을 들여놓은 어머님은 부처님을 파는 상술에 혹하셨는데 이곳 역시 사근사근한 남자들이 "아버님, 어머님." 하며 물건을 팔았다. 어머님은 깊은 산속 암자에서 고승이 도력을 일으켜서 썼다는, 행운을 가져오고 삼재를 물리친다는 부적을 사는 것으로 시작했다. 각각 십이지 띠 동물이 새겨져있는 수저 등 잔챙이부터 이 것 저 것 사더니 드디어 큰일을 벌이셨다. 사망 시에 사찰에 영가를 모셔주며 스님이 매일 축원을 해준다는 '극락왕생발원위패' 를 한 기에 백만 원씩에 구매하였다. 돌아가신 시할아버지 시할머니부터 아버님 어머님 위패까지 네 분 몫의 돈을 치루셨다. 집에는 <안치단 사용승인서 봉안증명서 00종 천년고찰 00사>이라고 위엄 있게 금박 활자로 찍힌 종이 네 장을 가지고 오셨다.

3.

이제 어머님의 관심은 <000의료기>로 바뀌셨다. 이곳은 매 시간마다 노인들을 모아서 무료로 의료기를 체험하게 해준다. 상술의 주제는 우리 인간의 영원한 숙제인 생로병사이다. 생전 처음 보는 검증이 안 된 이상야릇한 새로운 기계를 체험하게 하면서 혈액이 맑아지네, 성인병이 소멸되네 하며 노인들을 유혹한다. 뜨끈한 기계에게 몸을 맡겨 마음이 풀어진 노인들에게 틈틈이 강의도 한다. 병이 들면 아들 딸 며느리에게 구박받는다며 끊임없이 내 건강 내가 지켜야 한다고 세뇌작업을 했다.

이번에도 어머님은 벼르고 벼른 끝에 "피가 맑아져서 더러운 찌꺼기를 오줌으로 빼낸다는데 이 거 사면 우리도 하고 니네도 하고 좀 좋으냐. 다 젊은 너 때문에 산다."하시며 기계를 덜컥 이백 몇십만 원을 주고 사셨다. 이 물건은 손잡이를 양 손에 쥐고 발바닥을 전기판에 대고 있으면 전기가 부르르르 살 속으로 파고들면서 온 몸에 파장을 일으키며 혈액이 맑아진다는 거대한 원리를 가진 기계였다. 이 요상한 기계를 두 분이 번갈아가며 하루에도 몇 차례씩이나 하시더니 시들해졌는지 일 년도 지나지 않아 기계 값의 육분의 일 가격 만 받고 체험관에 출석하는 중노인에게 팔았다.

4.

이번에는 다시 <한국 000의료기>로 바꾼 어머님을 따라서 다니시던 아버님께 열풍이 옮겨졌다. 십 년 전에 뇌졸중으로 쓰러진 후로 말씀이 어눌해지고 행동도 느려지던 아버님은 이 업체의 출석이 유일한 소일거리이다. 학교처럼 일요일과 공휴일을 빼고 몇 개월을 꼬박 다니던 아버님은 소변색이 맑아졌다며 어느 날 이 기계를 사고 싶다고 식구들에게 의견을 내셨다. 모두들 이번에는 정말 참으시라고 말리니 며칠 동안 버럭 역정을 내시며 이마에 깊은 골짜기를 만드셨다. 그런 사연 끝에 집에 들어온 기계는 녹음기만한 크기에 전선이 몇 가닥 달린 물건이다. 이 물건은 콧속에 집게처럼 생긴 전원을 드밀면서 몸 안으로 미세한 전기를 흘려보내는 원리이다. 치료한다고 열심히 몰두하시는 모습을 보면 코 안이 외딴 숲속 오두막집처럼 발그레 등불이 켜지는 모양새이다. 오늘도 두 분은 번갈아가며 하루에도 몇 번씩 등불을 켠다. 의료기 학교에 충실한 학생들이시다.

효도와 불효의 간격은 어느 만큼이 적당할까? 분명히 이론상으로는 삭막한 고령화시대에 외로운 노인들에게 접근한 나쁜 상술인 줄 알지만 아이처럼 기뻐하시는 시부모님의 마음을 거스르기가 쉽지 않다. 오늘도 건강 기계를 샀기에 두 분은 당당하게 어깨를 쭉 펴고 아들보다 더 좋은 학교에 다닌다. 사백만 원이 넘는 만만치 않은 돈을 주고 구매한 효력이다.

여전히 미안한 구매는 새로운 얼굴로 집안에 들어오고 용돈은 가벼워져도 얼굴은 평안하시다. 구순의 아버님도 치매가 그럭저럭 하시고 팔십구세의 어머님도 그만하면 활기차다. 아침마다 나가시는 모습을 배웅하면서 그래도 집에 계시면 티브이와 친구할 텐데 매일 끝나고 집까지 걸어오시니 운동도 되고 시간도 흘려보내서 다행이라는 생각을 해본다.

유치원처럼 노인들도 '노인들을 위한 노인학교'가 필요한 시점이다. 백세시대를 맞이하여 보통의 노인들도 수업료를 내고라도 반나절 잘 잘 놀 수 있는 학교가 절실하다.

여름이 여름에게

벌써 복날이 오네 왜 작년 이맘때 골목집 진희 할매 갔잖여 이 노인네 그렇게 심심하다고 노래를 불러 쌌더니 기어이 아무도 없이 혼자 죽었지 하기사 함께 갈 사람이 어디 있간디 증손자가 학교 갔다 와서 화장실 문 앞에서 발견한 모양이니 저승 간 시간도 모른다잖여 있을 때는 그렇게나 같이 놀자고 생어거지를 부려 화통이 터졌는데 이제 아주 가버리니까 참으로 허전하네 징징 우는 소리 못 들으니 세상사 꿈결이네.

– 시 <진희 할미> 전문

나이를 먹는다는 것은 친구를 잃는 것이다. 익숙했던 친구가 영영 이 세상을 떠나 저세상으로 편입되었다는 사실은 상실을 넘어 큰 충격을 준다. 노인에게는 더욱 그렇다. 올해로 아흔한 살 되신 시어머니는 이젠 친한 친구가 없다.

작년에 시어머니와 진한 정을 나누시던 진희 할머니가 저쪽 세상으로 훠어이 떠나가셨다. 어머니에게는 해일처럼 엄청난 상실이 밀려왔다.

"어머니 계시우. 심심해서 놀러왔수. 갈 데가 여기밖에 없어. 늙은이가 자주 온다고 흉보지말우."

비리비리한 몸으로 3층 계단을 비척걸음으로 올라오신 진희 할머니의 첫말은 늘 똑같았다. 이내 시어머니는 어서 오라고 손을 잡아끌고, 마주 앉은 두 분의 말씀은 가정사부터 시작해서 정치 이야기까지 하고서야 끝을 맺었다.

남편이 속 썩이는 이야기를 시작으로 손주 자랑, 며느리 흉 살짝궁 보기까지 끝이 없었다. 그런데 두 분 다 아들들의 흠집을 말하지 않는다. 천하의 다시없는 효자 아드님을 두신 양 "우리 애비가…" 로 시작되면 입에서 옥구슬 서 말이 떨어져서 쟁반에 수북하다. 마지막에 "이러다간 나라 망하겠어유…" 로 정치 문화 경제 전반에 걸쳐 나라 걱정을 하시다가 끝을 맺는다. 입가심 하시라고 내어드린 차와 과일이 바닥을 드러내고, 두 분은 나란히 공원으로 바람 쐬러 가신다.

이렇게 말동무로 사근사근했던 진희 할머니가 안 계시니 시어머니의 혼잣말이 깊어진다. "에이, 그렇게 징징대더니…" 베란다에 나가 밖을 내다보는 시간도 길어지셨다.

올봄에, 시작은어머니도 요양원 생활 7년 만에 돌아가셨다. 기성복 시장이 활성화 되지 않았던 시절, 시어머니와 양장점에서 똑같은 색으로 옷을 맞춰 입을 정도로 동서지간에 사이가 좋았던 분이다.

한양조 씨 문중 형제에게 시집을 와서 동서라는 이름으로 만난 두 분은 동네가 알아줄 정도로 의가 좋았다. 아래윗집 살면서 노동의 시름도 같이 나눴다.

시작은어머니는 몸을 사리지 않는 일꾼이었다. 눈만 뜨면 "작은며늘아."하며 시할아버지가 걱실걱실한 작은며느리를 찾는 바람에 큰집에서 사셨다. 시작은어머니가 시할머니와 밭일을 하러 나가면 집안일은 시어머니 차지였다. 큰집 작은집, 두 집 아이들을 밥 먹이고, 빨래하고, 잡다한 집안일을 채비하고 나서야 밭으로 나가셨다.

시작은어머니의 집안일이 줄어든 것도 아니다. 어둑발이 내려서야 밭일을 마치고 집에 돌아오면 산더미 같은 일이 기다렸다. 이렇게 고단한 세월도 벙긋거리며 사셨다. 그러면서도 손아래 동서로 시어머니에게 깍듯하게 대하고 조카며느리인 나에게도 다정하셨다. 그런 시작은어머니가 노동을 다 내려놓고 요양원에서 아기처럼 살다 저세상으로 이사 가셨다. 찬바람이 와스스 불어오던 정월이었다.

100년 만에 더위라는 올여름에는 알뜰이 지나쳐 짠내가 난다고 놀리던 앞집 구서 할머니도 떠나셨다. 집 앞 메아리공원 정자에 가면 만난다고, 친구 냄새가 그리우면 나가서 말동무 하셨던 분이다. 젊은 시절 두 분은 똑같이 시어머니를 모시고 신산한 세월을 겪어냈다. 마침 시어머니들도 친구지간이라 며느리끼리의 은밀한 감정을 나누며 서로가 서로에게 위로 받으셨다. 구서 할머니는 정말 창졸간에 가셨다. 치매라는 소리가 들리더니, 병원에 입원하셨다 라는 소식이 들려오고 곧이어 돌아가셨다는 전화가 왔다.

"고생 안 하고 잘 떠났지, 잘 떠났어. 본인도 편하고, 자식들도 고생 안 시키고…"

요즘 시어머니는 공원에 나가셨다가도 텅 빈 정자를 보고 금방 돌아오신다.

이제 시어머니 친구라고는 모시옷감 끊는다며 손 꼭 잡고 동대문시장을 휘젓고 다니시던 상미 할머니 만 남았다.

"나 마지막으로 상미 할매에게 맛있는 밥 사주고 올란다. 이러다가 영영 못 보겠다."

시어머니는 방신시장에서 만나기로 했다며 집을 나섰다. 상미 할머니도 정신이 흐릿하다. 전화 거는 것도 잊어버리고, 말을 시켜도 얼른 대답하지 않고 한참 있다 겨우 단답형으로 대답하신다.

"아휴, 답답해서. 그 똑똑하던 사람이 그리 됐으니… 나도 겨우 알아보더라."

세월이 붓으로 노년의 주름살을 섬세하게 그려놓은 시어머니의 얼굴이 흐려졌다. 이제는 둘이서 만나는 것도 마지막일 것 같다며 애석해 하신다. 그래도 요양원에 안 가시고 집에 계신 게 다행이라는 내 말에 머리를 끄덕이신다. 큰아들을 장가보내고부터 큰며느리와 함께 살았으니 상미 할머니의 홍복이다.

상미 할머니는 새댁 시절부터 바람을 가득 품은 남편이 집안 살림은 나 몰라라 하고 나비가 되어 다른 꽃을 찾아다녀도, 억척같이 살림을 꾸려나갔다. 연탄 지게를 지고 배달도 하고, 구멍가게도 꾸려가면서 사남매를 번듯하게 키워낸 여장부시다. 직장 나가는 며느리를 대신하여 키운 손녀딸들은 결혼을 하고, 곁에서 어머니의 일생을 지켜보았던 큰아들은 떠받들며 위한다. 이웃집에 마실가듯이 때가 되면 요양원에 보내는 이 시대에 가족과 함께 익숙한 집에서 사는 것도 상미 할머니의 말년 복이다.

– 니 아버지도 나 있을 때 가야 하는데 참으로 큰일이다 넘들은 사는 것 같이 사는디 니 아버지는 아 이렇고롬 정신 줄을 놓고 있으니 어쩌겠냐 아직도 해가 꽁무니를 빼지 않았는데도 커튼을 칠흑처럼 닫고 있으니 내가 답답해서 미치겠어야 니가 아무리 날보고 그러려니 하라고 하

지만 영감은 그저 내 앞에서 먼저 가야 니들이 고생을 안 하는 거야 복
날은 코앞인데 바람길 하나 없이 꽁꽁 처닫고 있으니 어찌 살겠노.

— 시 <여름이 여름에게> 전문

올 여름 더위는 생존권을 위협할 정도로 대한민국을 절절 끓게 했다. 선풍기 대용으로 전락한 에어컨도 밤새 틀어놓아야 그나마 잠을 잤다. 낮 밤을 가리지 않는 가마솥 더위는 시어머니의 건강도 위협했다.

"에고, 내가 왜 이러냐? 더위 먹었나 보다. 힘이 하나도 없다."

매 끼니마다 겨우 밥 반 공기 드시기를 입맛이 달아났다고 물을 말아 드신다. 못 견디기는 나도 마찬가지다. 밥상을 차리려면 면 손수건을 세장이나 적셔야 한 상 차림이 된다. 나도 지하철을 거저 타는 노인인데 노인이 노인을 부양하기가 버겁다. 이른바 국가도 걱정하는 '노노케어세대' 이다.

"아버님이 그래도 덜 고생하시고 가시기를 잘했어요. 이렇게나 더운데 커튼 닫고 계셨으면 어쩔 뻔했어요?"

연일 날이 푹푹 찌니 작년 추석 연휴에 돌아가신 시아버지 생각이 난다. 지금 우리 곁에 계신다면 이 더위를 어찌 견디실까. 커튼을 닫아 빛을 막아야만 마음을 놓으신 아버님이다. 전등빛이 꼭 집안을 엿보는 장치 같다고 질색을 하셨다. 우리는 아버님의 치매가 깊어질수록 비위를 맞춰드렸다. 나는 시간 맞춰 따듯한 밥 세끼를, 어머님은 하루 온종일 곁을 지켰다. 아버님은 그래도 순하게 앓으셨다. 누워서 기저귀를 차지 않으셨고, 거실 소파에 앉아 어머님과 화투 짝 맞추기를 하셨다. 그리고는… 극락세계로 떠나가셨다. 어머님이 소원하신 '내 앞에서 먼저 가야…' 를 들어주고 가셨다.

오늘, 이렇게 더운 날에 집안을 동굴처럼 만들어 놓으셨던 아버님이

문

더위가 한풀 꺾인 오후, 남편은 여름 내내 닫아 놓았던 지하실 창고 문을 활짝 열고 구석구석 말끔히 청소한다. 그동안 어두운 지하실에서 꽉 갇혀 있던 공기가 밀려 나와 온 집안에 퍼진다. 지하실에 차 있던 공기 냄새는 마치 떠다니는 곰팡이 포자처럼 온몸을 감고 휘돌아 기분이 나쁘다. 이제야말로 여름 내내 열어 놓았던 현관문을 닫을 때라는 생각에 문을 닫았다.

'퀴퀴한 냄새 때문에 이제는 어머님도 닫으시겠지.'

그렇게 생각했는데 밖에서 들어오신 시어머니는 여전히 현관문을 활짝 열어놓는다. 현관문 닫는 것을 못 견디어 하신다.

뜨락 넓은 한옥에서 살았을 때 시어머니 하루 일과는 새벽 같이 일어나서 '삐이걱' 돌쩌귀 소리 요란한 묵직한 대문을 열어 놓는 것으로 시작했다. 집안으로 복이 많이 들어오라고 여신다지만 첫 새벽부터의 대문 열기는 온 세상이 꽁꽁 어는 찬 겨울에도 어김이 없었다.

겨울철 우리 집 한옥의 불편한 것 중에 으뜸은 따뜻하게 몸을 녹일 목욕실이 없다는 점이다. 겨울 빨래는 정말 견디기 힘이 들었다. 거기다가 제발 대문을 닫아 놓으면 좋으련만 시어머니의 하루 종일 대문 열어놓기는 범접할 수 없는 거룩한 일과였다.

찬바람이 와스스 쏟아져 들어오는 대문과 마주보는 수돗가에서 빨래를 하려면 온몸이 꽁꽁 얼며 몸서리가 쳐졌다. 물론 세탁기가 옆에 덩그러니 있어도 성격상 애벌 빨래를 하지 않고는 빨래를 넣지 못하는 나의 버릇도 탈이었다. 수돗가에 쭈그리고 앉아 대충 빨래비누로 치대어서 그 나머지 일만 세탁기에 맡겨야 빨래가 뽀야니 마음이 개운했다.

수은주가 영화로 뚝 떨어지게 추운 날이면 나는 대문을 닫고 빨래를 했다. 그러면서 빨래하는 내내 힐끔대며 마음이 편치 않았다.

봄, 여름이면 시어머니는 새벽 일찍 대문을 열어 놓고 올망졸망 심어 놓은 채소들과 인사하러 나가신다. 호미를 들고 한창 싱싱하게 물이 올라 어른 손가락 굵기로 자란 아욱이며, 물만 주어 연하디 연한 상추와 감자 꽃과 열무와 눈을 맞춘다.

아침 드실 때가 되어 주방 창문에서 마주 바라다 보이는 대문을 향해 진지 드시라고 두어 번 소리치면 그제야 시어머니는 손을 탁탁 털고 들어오신다.

"애, 나는 그래도 양반이다. 할머니는 밥상만 차려놓으면 어떻게 아셨는지 마당을 쓰신단다. 아, 쓸려면 진작에 쓰실 것이지. 그래 무슨 심통이셨는지…"

시어머니는 식어가는 국을 앞에 놓고 마음 졸이다가 느지막이 들어오신 할머니의 국을 다시 데우랴, 흐트러진 반찬을 다시 담아 놓으랴 어지간히 당신 속을 태웠다고 머리를 흔드신다.

"나, 평생을 그렇게 살았다."

그래서일까. 시어머니는 때마다 "진지잡수세요." 부르면 "오냐." 소리와 함께 이내 식탁으로 오신다.

돌아가신 시할머니의 사랑방은 대문 바로 옆이었다. 시할머니의 치매병이 날로 깊어갈 무렵, 어느 해 여름 끝자락이었다. 안방에서 시어머니와 이야기를 하고 있을 때였다. 밖에서 나와 보라는 이웃집 아이의 다급한 목소리가 들려왔다. 황급히 나가보니 다리가 굳어져서 걷지도 못 하는 할머니가 활짝 열린 대문 문턱을 넘어 마당에서 온 몸이 흙투성이가 된 채 웃고 있었다. 옷 입기를 싫어하셔서 아랫도리는 벌거벗은 채였다. 시어머니와 나는 할머니를 번쩍 안고 빨간 고무 통에 미지근한 물을 가득 부어서 흙투성이 몸을 씻겨 드렸다. 울상을 짓던 시어머니가 몇 마디 지청구를 드렸더니 잠깐 정신이 들어오신 할머니의 첫마디는 농사 걱정이셨다.

"열무 뽑을 때가 됐다."

하시며 대문 밖 채마밭을 손짓하셨다.

앞마당 텃밭은 시할머니의 세상이었다. 할머니가 정정하실 때 시어머니는 어떤 채소든지 마음대로 심지 못했다.

"열무는 여기 심고, 시금치는 저기에…"

앞장서서 지휘하는 시할머니의 허락이 떨어져야만 심었다.

지금도 기억한다. 탐스러운 목련꽃이 고운 자태를 뽐내던 봄날이었다. 새벽 일찍 대문을 활짝 열고 나가신 시어머니의 외마디 비명이 들려왔다. 아침 준비를 하다 놀라 달려 나가니 어머니는 하얀 웃음이 만발한 목련나무를 손짓하고 계셨다. 목련을 보니 밑가지들이 다 잘려나가 윗가지만 동그마니 남은 것이 꼭 하얀 꽃우산을 쓴 꼴이 되어 있었다.

그때도 시할머니는 당당했다. 그늘이 져서 밑에 있는 채소들이 자라지 못한다고 목련만 나무라셨다. 유달리 고고한 기품이 있다고 목련꽃을 좋아하시는 시어머니는 벌린 입을 다물지 못했다. 그날 아침 목련은 새벽 이슬 듬뿍 맞은 흰 우산이 된 채 파르르 떨고 있었다.

그동안 정이 듬뿍 들었던 한옥을 허물고 새로 3층집을 지어 살림을 옮겼다. 이제는 육중한 대문촉이 맞물려 닫히는 대문이 아닌 열쇠를 돌리는 차가운 철제 대문이다.

우리 집도 아파트같이 안이 모아진 현대식 구조라 현관문을 닫고 살겠거니 했는데 시어머니는 봄기운이 올라오자마자 여전히 현관문을 활짝 열어젖힌다. 문을 닫으면 괜히 숨통이 막히고 답답하시단다. 그러나 현관문이 닫혀야 마음이 안정이 되는 나는… 참아야 했다. 그 긴 세월 시할머니의 세상을 시어머니가 참으셨던 것처럼 나 또한 시어머니의 세상을 감내해야 한다.

아마도 며칠이 지나면 스멀스멀 올라오는 저 기분 나쁜 곰팡이 냄새도 온 집안을 휘젓다가 제 풀에 꺾여 저 열린 문 바깥으로 사라지리라.

틀

사람들은 저마다 자기가 막아놓은 틀 안에서 산다. 연필로 책상에 금을 쫙 그어 놓고 절대로 이 선 안으로 넘어오지 말라며 서로의 다름을 인정 못하던 어린 시절부터 어른이 된 지금까지도 속 좁은 편견은 여전하다.

둥글거나 네모거나 세모거나 마름모의 형태로 자기만의 완고한 생각으로 선을 그어놓고 '어디 넘어오기만 해 봐라.' 혹은 '내가 네 선으로 넘어가는 일은 절대로 없을 것이다.' 라는 다짐을 날리며 견고하게 형성해놓은 닫힌 사고로 군림한다.

'여성의 적은 여성이다' 라는 보편적인 말도 모두가 다 각자가 부여잡고 있는 가치관의 삐꺽거림에서 비롯된다. 지구상에서 존재하는 가장 이해하기 어려운 시어머니와 며느리와의 관계도 틀 속에 존재하는 갑과 을의 철저한 관계이기에 세대를 이어가며 끊임없이 지속된다.

내가 그래도 시어머니인데… 내가 이 집안의 어른인데… 군소리 말고 나를 따라야지 하는 고정관념은 시어머니가 껴안고 있는 절대적인 틀이다.

아침을 열자마자 이마에 내 천川자를 그으며 못마땅한 표정을 짓는 것도 시어머니의 특권이다. 끼니 때 마다 나물 무침에 깨소금이 보이느니 안 보이느니, 밥이 살아서 쳐다보느니, 장화 신고 걸어도 되겠다느니 하며 타박을 하는 것도 이 땅의 모든 시어머니가 내뿜는 지청구이다.

이때 스스럼없이 나오는 시어머니의 말이 며느리의 마음을 후벼 파고 비틀어도 그것은 결코 며느리가 미워서가 아니라 그저 갑의 입장이기 때문에 양념처럼 튀어나오는 언어의 유희일 뿐이다. 시시때때로 시어머니의 틀은 더 단단하게 팔짱을 끼고 내려다본다.

을의 입장인 며느리는 시어머니가 아무리 폐쇄회로에 갇힌 것 같은 사고방식을 요구해도 '노인을 이기면 뭐해' 라는 심정으로 적당히 따라준다. 혹여 며느리의 의견을 묻지도 않고 행하는 일이 있더라도 참고 또 참을 뿐이다.

냉장고 위에 올려둔 화분에서 연두빛깔 잎사귀를 반짝이며 아래 영역을 향해 뻗어나가는 스킨답서스의 '이발 사건' 도 여기에 속한다. 며느리의 끝없는 사랑에 대답하듯이, 어느 날 새벽 스킨답서스는 이파리에 말그스름한 이슬방울을 피어 올렸다. 아침밥을 하러 나온 며느리는 실내에서도 맺히는 이슬방울에 놀라 살짝 건드려 보았다. 스킨답서스에게 진짜 이슬이냐고 말 걸어보고 쳐다보느라 밥시간을 놓친 그런 사랑을 했다.

가지런하지 않고 비죽비죽 제멋대로 자라나는 스킨답서스의 끝 모르는 자유가 눈에 거슬린 깔끔한 성격의 시어머니는, 어느 날 내킨 김에 가

위를 들고 축 늘어진 줄기들을 가차 없이 윗머리만 소복이 남긴 채 이발을 한다. 이내 단정해진 모양을 보며 "이제야 집안이 훤하네. 그동안 너절한 줄기 때문에 께름칙했거든." 하며 흐뭇한 미소를 짓는다. 그러다가 잠시 이 식물에게 정을 주는 며느리가 걸렸지만 "뭐 어때, 내 마음대로지." 하는 권위의 틀이 단단해지면서 미안한 마음을 싹 지어버린다.

한나절 외출했다 돌아온 며느리는 "어머나, 이게 무슨 일이지!" 덩그러니 짧은 커트머리의 스킨답서스를 보고 깜짝 놀라서 "어머니가 이렇게 만드셨어요?" 라고 뒤꼬리가 도레미 음계처럼 솔 라 시 도로 가파르게 올라가는데 "너더분해서 내가 잘라버렸다."라는 태평스러운 말씀에 부글거리며 터져 나오려는 화산 폭발을 급히 찬 물을 부어 식힌다.

이 모두가 같은 공간에서 살기에 부딪히는, 각자가 두르고 있는 틀이 서로 다른 기호를 인정하지 않아서 일어나는 일이다.

며느리는 또 하나의 '담쟁이덩굴 실종사건'을 잊지 못한다. 너무나 큰 상실이었기에, 우중충한 시멘트 결이 고스란히 드러나는 담장과 마주치면 안에서 되살아나려는 불쏘시개를 잠재우려고 허둥댄다.

담쟁이가 서로의 손을 잡고 어울려 덩굴 커튼을 만들어서 대문 담벼락을 온통 녹색으로 너울거리게 만들었던 아름다운 날들이 있었다. 회색빛 벽을 초록색으로 칠하며 햇살에 반짝이던 담쟁이덩굴은 바라만 보아도 살랑거리는 웃음을 짓게 만드는 빛나는 존재였다.

그날은 초록빛 잎사귀가 불그스레 변하며 움츠리던 어느 초가을이었다. 저녁 산책을 하러 마당에 나와 보니 그 무성하던 담쟁이덩굴 커튼 대신 시멘트벽이 민둥벽이 되어 울상을 짓고 있었다. 그동안 담벼락에 기대서 잘 살았던 담쟁이덩굴은 흔적조차 보이지 않는다. 어디로 사라졌을까. 번개를 맞은 것 같은 충격 속에서 며느리는 시어머니의 결벽증을 떠올렸다.

"야가, 야가 몰라서 그렇지. 여름나절에 담쟁이 이파리 속을 들춰 보면서 얼마나 기겁한줄 아니? 손가락만한 시퍼런 송충이가 꿈틀대는데 내가 기절초풍을 하는 줄 알았다. 그래서 벼르고 벼르다가 아까 낮에 없애버렸다. 봐라. 얼마나 깨끗하냐."

모든 사물을 깨끗한 것과 지저분한 것으로 나누는 시어머니와 사물의 본질을 인정하고 정을 주는 며느리의 틀의 충돌은 바로 누구의 좌뇌와 우뇌가 더 많이 발달했느냐에서 비롯된다. 이런 기 싸움은 무조건 갑의 시어머니가 이기고 을의 며느리는 지게 되는 싸움이다.

때때로 시어머니는 며느리 시절에 당했던 서러움을 펼쳐 보인다. 당신이 벗 삼아 키우던 훤칠하게 잘생긴 야드르르한 비단결 같은 목련나무 사건이다. 목련나무 그늘에 밭작물이 안자란다고 생각하는 시할머니의 낫에 밑가지가 무참히 잘려서 동그란 우산 같은 모양새가 되고 말았다 라는 이야기를 당신의 가슴속 우물에서 서럽게 길어 올린다. 그리고는 마당에서 하늘 닿게 울울창창 뻗어나가는 자목련을 흐뭇하게 바라보신다.

시어머니도 권위의 벽에 막혀 지냈던 한 시절이 있었음에도 불구하고 신기하게도 여자들의 기 싸움은 복사판이 되어 대물림을 한다. 자신이 아는 것을 전수해준다는 구실로 꾸지람도 내리고 무언의 시위도 하며 끝임 없이 독선적인 행동을 취한다.

이런 모든 행위는 '틀' 이 주는 단단한 존재감에서 비롯된다. 끊임없이 자신의 존재를 확인하며 현재의 위치에서 밀려나지 않으려고 틀을 부여잡는다.

드라마의 정석

저녁이 어둑어둑한 얼굴로 찬 입김을 불어 대는 겨울이라 바깥으로 운동을 못 나가는 대신 시어머니와 같이 연속극을 본다. 여섯시 반쯤 뜨뜻한 저녁밥을 드신 시아버지와 시어머니는 거실 소파에 앉아 텔레비전을 트시고, 설거지를 끝낸 나도 연속극을 볼 겸 운동도 하려고 소파 옆에 실내자전거를 끌어다 놓는다. 일단 제자리걷기 운동부터 시작해서 세 편의 연속극이 끝나는 2시간이 시어머니와 내가 함께 연속극을 매개로 서로의 감정을 꺼내는 시간이다.

리모컨을 독점한 시어머니는 아흔 살이라는 나이가 무색하게 시간에 맞춰서 이리 저리 채널을 돌리신다. KBS 7 '행복을 주는 사람' 이 끝나면 MBC '다시 첫사랑' 으로 넘어갔다가 다시 KBS 9의 '빛나라 은수' 를 종횡무진으로 넘나들며 각각의 연속극이 뿜어내는 독한 이야기에도 엉키지 않고 훈수를 두신다.

"에고, 에고. 저런 독한 것 같으니라고. 그러기에 왜 같이 살라고 애를 쓰나."

"지가 키우지도 않았는데 아이를 빼앗으려고 해? 지들은 권리가 없지."

연속극 전개에 맞춰 시어머니는 열을 내신다. 내가 보기에는 결말이 뻔한 흐름인데도 무조건 당하기만 하는 약자 편을 들며 혀를 차신다. 이럴 땐 귓등으로 들으면서 자전거 페달을 밟으며 운동에만 몰입하면 좋으련만, 나도 모르게 싫어하는 인물 편을 들면서 연속극을 빗대어 반기를 든다.

"친부모가 자기가 낳은 아이를 키우겠다는데 길러준 엄마는 포기해야지요. 자기 살 길을 찾아야지. 게다가 남편이란 사람도 좋아하지 않는데 미련한 사랑을 하네."

"제목 보세요. 제목이 '다시 첫사랑' 이잖아요. 결국엔 둘이 오해를 풀고 좋아하게 되어 있어요. 뻔하네, 뭐."

하며 날을 세운다. 시어머니와 주거니 받거니 입으로 TV를 보다가 '나도 이젠 나이를 먹었나, 드라마에 휘둘리네.' 깨달음과 동시에 슬그머니 눈치도 본다.

우리나라 드라마는 거의 패턴이 있다. 멀리 가지도 않는다. 어쩌면 한결같이 사건전개와 행동반경이 좁은지 인물들 간에 엉킨 게 모두 사돈의 팔촌보다 가깝다. 여기에 출생의 비밀은 양념삼아 꼭 있다. 나중에 이 어마어마한 비밀을 알게 된 주인공이 복수를 시작하면서 극이 드라마틱하게 전개된다. 여기에 끼어놓기 식 '패륜' 은 가히 가학적이다. 주인공이 사랑한 상대방이 새엄마의 자식이거나 서로 이복 남매인 줄도 모르고 사랑을 하며, 나중에 새엄마나 새아버지에게 재산을 빼앗긴 사실을 안 주인공은 온갖 수모를 겪으며 밑바닥부터 올라와서 처절한 복수를 한다.

단골 소재로 등장하는 기억상실은 또 어떠한가. 주인공이나 주변 인물이 어떤 예기치 못한 사고로 기억을 잃었다가 다시 머리에 충격을 받아서 기억이 났더라 하는 이야기는 한국 드라마의 정석이 되었다.

아침 드라마도 한 몫을 한다. 맑은 아침에 대한민국 가정의 거실에서는 복수혈전이 불을 뿜는다. 기업을 빼앗거나 지키려고 암투를 벌이는 악다구니와, 출세를 위해서 첫사랑 여자와 아이까지 버린 남자가 오히려 비열하게도 번번이 여자의 앞날을 가로 막고 입술을 올리며 비죽거리고 웃는 모습이 화면을 가득 채운다.

게다가 최악의 막장은 주인공 여자가 상처를 딛고 사랑하는 사람과 결혼을 하는데 바로 남편의 매제는 첫사랑을 배신한 악인이었다 라는 설정이다. 도덕적으로 한번 어긋난 드라마는 더욱 세게 나가서 여자가 악인 사이에서 낳은 아이를 데리고 시댁으로 들어가는 것에 이른다. 시댁은 시아버지와 젊은 후처, 시누이와 시누이의 남편인 음흉한 첫사랑의 남자가 살고 있는 집이다. 도덕성이 무너진 드라마가 아슬아슬하게 줄타기를 하며 아침을 어지럽힌다. 방송국 드라마들이 내뿜는 비뚤어진 인물들의 증오가 전파를 타고 우리 사회로 퍼지며 재생산한다.

지금 우리 사회는 분노 사회로 행진중이다. 조금만 건드려도 참지 못하고 얼굴이 벌개져서 화를 내며 소리를 지른다. '덕분입니다' 대신 '너 때문이다' 가 넘쳐나고 '감사합니다.' 대신 '당연하다' 라고 주장만 하는 염치없는 사회가 되어버렸다. 흑과 백으로 나눠져 다른 의견에는 귀를 막고 중간 의견을 이야기 하면 흐리멍덩하다는 비난이 쏟아진다.

언제부터인지 우리 동네 방화역으로 가는 이면도로에 줄지어선 가게 앞이 지저분해졌다. 가게 주인들이 서로 청소를 미루는지 도로에는 치우지 않은 담배꽁초가 쓰레기와 엉켜서 수북하다. 아침 일찍 가게 문을 열자마자 경쾌하게 들리던 빗자루 소리는 다 어디로 사라졌을까. 싹싹 쓱쓱 빗자루질을 하던 정갈한 가게 주인은 보이지 않는다. 구청에서 치워주기를 바라는 걸까. 연속극이 퍼트린 바이러스에 메마른 걸까.

그래도 나는 저녁이면 실내자전거를 끌고 시어머니 곁으로 간다. 혼자 볼 수도 있지만 같이 있으려고, 행복을 주는 여자와 첫사랑 그녀와 강인한 은수를 만나러 간다. 둘이서 실실 웃으려고 거실로 간다.

그 많던 꿩들은 다 어디로 날아갔을까

한강 서북쪽에 위치한 강서구 방화동은 제2의 고향이다. 태어나서 스물여섯 해를 살았던 경기도 부천시 소사읍 심곡리에서 강서구 방화동으로 둥지를 옮겨와 어느덧 사십 년 넘게 살았으니 방화동은 바로 내 보금자리이다.

내가 처음으로 둥지를 틀었을 때 방화동은 명색만 서울시이지 여느 시골마을과 다름없이 자연이 그대로 숨을 쉬는 순수함을 간직한 작은 동네였다.

꽃이 내뿜는 향기가 가득하다는 뜻을 지닌 수려한 개화산의 품에 안긴 방화동은 지금은 방화 1동, 2동, 3동이라고 번호를 붙여 멋대가리 없이 부르지만 본래 이름은 치현雉峴 마을, 정곡井谷 마을, 능陵 마을이라는 예쁜 이름을 갖고 있다.

치현 마을은 예부터 꿩이 많이 살았다. 선비들이 꿩 사냥을 즐기던 야트막하면서 아담한 꿩 고개라 불렸던 치현산을 끼고 있어서 꿩雉치자 언덕峴현자를 써서 치현이라고 불렀다.

지금도 남편의 둥지로 옮겨왔을 때 보았던 수채화 같은 풍경이 눈앞에 아른거린다. 이른 새벽 뒤꼍 채마밭에서 콩을 쪼아 먹던 꿩의 아름다운 날개 깃털이 손끝으로 그려질 듯하다. 그때 내 깨금발에 놀라 푸드득 날아갔던 꿩의 그 동그라미 털 모양에 얼마나 설레었던가!

생전 처음 보는 생생한 풍경을 식구들에게 들뜬 소리로 말했던 그 새벽의 청량했던 공기가 그립다. 그러나 이내 저놈의 꿩들 때문에 올 콩 농사는 또 망쳤다고 푸념하시던 시어머니의 넋두리에 실망을 했지만, 그 장면도 한 편의 아름다운 삽화가 되어 내 마음의 공책 갈피에서 살그머니 얼굴을 내민다.

그 많던 꿩들은 다 어디로 날아갔을까? 불과 사십 년도 안 되었는데 치현산을 올라가면 꿩들 대신 옹이 깊은 늙은 나무들이 바람에 시달려 노쇠한 모습으로 서 있다. 외진 숲길 사이에 누워있는 대여섯 기의 무덤도 쓸쓸하고 처량하다.

우리 동네에서 '치현'이라는 지명이 정겹게 불리는 곳은 동네 어귀에 있는 치현초등학교이다. '국민학교'라고 부르던 시절에는 우리 동네에 학교가 없었다. 그래서 마을 아이들은 비가 오나 눈이 오나 능말 언덕길을 넘어서 앞벌 사거리를 지나 지금의 개화산역 앞에 있는 개화초등학교까지 걸어 다녔다. 노란 병아리 시절인 1학년부터 6학년까지 몇 정거장을 걸어 다녔으니 아이들의 고생이 많았다.

방화동이 눈부시게 발전을 한 1994년에 드디어 우리 동네에도 초등학교와 중학교가 들어오니 동네 사람들의 기쁨은 하늘을 찔렀다. 그런데 학교 이름이 동네 이름과 상관없는 다른 이름으로 지어진다는 소식에 치현경로당 회장이셨던 시아버지와 어르신 회원들이 팔을 걷어붙였다.

강서구청에 간곡하게 건의를 해서 치현雉峴초등학교와 삼정三井중학교라는 역사 깊은 향토 지명을 살려내셨다. 지금은 토박이는 물론이고 새로 이사 온 사람들도 치현이라는 지명을 친근하게 부른다.

예전의 치현 마을은 마을 어귀를 들어서면 딸기밭과 논으로 물결쳤었다. 지금은 그 터가 왼편은 아파트 단지, 오른편은 가게 거리로 변했지만 이 둘 사이를 관통하는 이면도로 땅속에는 물이 철철 흐르는 개울이 숨어있다. 개울은 자동차 소리에 묻혀 들리지 않는 물소리를 내며 얼굴을 드러낼 날을 기다리고 있다.

햇살에 반짝이던 물살은 얼마나 아름다웠던가. 치현초등학교 교문 쯤으로 짐작되는 곳부터 지금의 방화3동 주민센터 앞까지 휘돌았던 개울이 그립다. 종아리까지 차오르는 물을 첨벙거리면서 물놀이 하던 어린이들의 웃음소리는 얼마나 청량했던가.

동네 아낙들은 빨래를 이고 와서 방망이를 두들기며 이야기를 뿌리고, 마을 오솔길을 지키는 아름드리 느티나무도 팔을 벌려 부채질을 해주던 그런 시절이었다.

삼십여 년 전 어느 비오는 여름날, 우산을 챙겨들고 두 딸의 국민학교까지 마중을 가서 셋이 도란도란 이야기하며 개울 길로 접어들었을 때의 추억이 와르르 달려든다.

그때 맞은편에서 자전거가 쏜살같이 달려왔었다. 좁은 길에서 피하지 못한 둘째는 책가방을 맨 채로 개울에 빠지고, 악 소리를 질렀던 나와… 내 치마를 움켜지고 바들바들 떨었던 첫째와 … 자전거를 팽개치고 개울로 뛰어들었던 청년과… 그리고 빗금을 그어대듯 세차게 내리던 장대비… 그 한 여름날의 풍경이 수채화가 되어 적셔온다.

아직도 그날의 개울물 소동이 또렷하다. 집에 돌아와서 흠뻑 젖은 옷을 갈아입지도 않고 연탄불로 따끈하게 데어진 안방 장판바닥에다 교과서를 주루룩 펼쳐 말리던 둘째딸이 아른거린다. 모두가 아름다운 추억이다.

치현초등학교를 나온 막내딸의 까마득한 후배인 외손자 녀석과 친구들에게 일부러 "개울의 비밀을 알려줄까?" 하며 눈을 가느스름하게 뜨고 목소리를 깔며 은밀하게 말해주었더니, 정말로 그러냐고, 땅속에 개울이 있냐고, 아스팔트를 걷었으면 좋겠다며 방방 뛴다. 이 아이들처럼 금방이라도 길바닥을 걷어내면 저 땅속에서 숨이 막혀 움츠리고 있는 개울이 함성을 지르며 솟아오를 것 같다.

개울 옆으로는 논과 밭이 바둑판처럼 오밀조밀하게 경계를 지어 물결치고 있었다. 지금은 찻길을 가운데 두고 오피스텔과 상가, 은행 건물들이 키재기를 하며 서있다.

치현 마을 사람들 대부분은 농사가 본업이었다. 집 마당에는 소 외양간과 돼지우리가 있고 뒤란에는 닭장도 있어서 가축들을 식구처럼 키웠다. 새벽이면 꼬끼요 소리가 집집마다 번갈아 가면서 소프라노로 울리고, 일찍 일어난 돼지들은 밥 달라고 주둥이로 우리를 쿵쿵 쥐어박았다.

시할아버지의 명령으로 돼지에게 밥을 주러 갔던 그 새벽이 나에게로 와서 묵직하게 안긴다. 농촌 살림에 젬병이었던 나에게 중대한 일을 맡겼으니 시할아버지가 손자며느리에게 거는 기대가 크셨나보다.

제법 무거운 돼지 밥그릇을 낑낑대고 우리 앞에 갔을 때 꿀꿀거리며 다가오던 돼지들의 무시무시한 주둥이라니! 그 순간 나는 "엄마야" 하고 밥그릇을 마당에 던지며 뒤로 넘어졌다. 그리고… 다시는 나에게 돼지를 구경하는 것도 금지령이 내려졌다.

그 당시 동네 사람들은 가난했다. 논농사로 일 년 살림을 꾸리는데 해마다 장마철이 오면 벼가 물에 잠겼다. 그래서 수확 철이 되어 탈곡을 해도 인건비가 나오지 않았다. 이렇게 논을 몽땅 쓸어 덮던 홍수 피해는 해마다 되풀이 되었고 시름은 깊어졌다. 그 시절 치현 마을은 그랬다. 불과 사십여 년 전의 동네 모습이 당시에 며느리였던 구십 한 살 시어머니의 증언으로 어제 일처럼 살아난다. 지금은 농토를 가졌던 사람들은 개발 이익으로 형편이 넉넉해졌다.

치현 마을은 문명이 가꾸어준 현대의 옷을 갈아입었다. 우리 집도 하루 종일 대문을 열어놓고 살았던 기와집에서, 철 대문이 팔짱을 끼고 초인종이 말을 하는 3층 붉은 벽돌집으로 변했다. 비만 오면 구두가 푹푹 빠져서 악명이 높았던 차진 진흙탕 길을 걸어서 방화 사거리까지 나가야 했던 고된 길이, 집근처에 지하철과 버스정류장이 생기면서 상전벽해桑田碧海가 되었다.

우리 동네는 서울에서 보기드문 슬로우 시티(Slow city)이다. 방화동의 허파인 개화산이 치현산과 근린공원을 거느리고 맑은 공기를 뿜어준다. 팔십은 늙은이 측에도 못 낀다는 시어머니 지론대로 대문 밖을 나서면 노인들을 많이 만난다. 그래서 우리 동네는 시간도 느릿느릿 더디게 가는 것 같다.

2

초록으로 사운거리는

한글은 세상을 열고

한글을 쓰면서 한글을 창제하신 세종대왕의 은혜를 생각한다. 반만년 역사를 자랑하는 우리나라지만 세종대왕 이전까지는 우리말을 적을 우리 문자를 갖지 못했다. 남의 나라 문자인 한자를 빌려서 썼지만 그것은 특권층의 전유물이 되어 백성들은 눈 뜬 장님이었다. 한자로는 어느 나라 말보다도 형용사가 풍부하고 표현이 다양한 우리말을 제대로 나타낼 수가 없고, 배우기도 어려웠다.

문자가 없으면 미개 민족이고 남의 문자를 빌려 쓰는 일은 문화의 예속이다. 세종대왕의 한글창제는 한꺼번에 이 모든 수모에서 벗어난 쾌거이다. 아름답고 과학적이며 적지 못할 말이 없는, 세상에서 가장 으뜸가는 문자를 만드셨다. 오늘날 전자과학시대에 가장 적합한 문자는 한글이라고 인정을 받고 있으니, 세종대왕은 참으로 위대한 어질고 덕이 뛰어난 임금이다.

까막눈이던 백성들이 한글을 익히기 시작한 이래로 우리나라는 발전에 발전을 거듭하여 오늘날 세계 속에 우뚝 선 정보기술강국으로 도약했다. 방탄소년단이 주도하는 K팝은 한국어 배우기 열풍을 일으켰고, 드라마, 웹툰, 게임산업 같은 우리 문화를 즐기려고 한글을 배우는 외국인 팬들이 늘어나고 있다. K팝은 문화 소비를 낳고 한국어는 글로벌 언어로 도약했다.

전 세계 중요 도시에서 공연하는 방탄소년단의 콘서트에는 강력한 팬덤현상인 '아미' 라고 불리는 외국인 팬들이 한국어로 '떼창' 을 한다. 팬들은 한국어 노래 가사를 영어로 소리 나는 대로 받아 적으며 따라하거나, 유튜브, 트위터, 인스타그램 같은 SNS를 통해 배운다. 한국어 노랫말을 각국 언어로 자막을 달아놓은 영상으로 배우며 가사의 뜻을 이해한다. 이렇게 세종대왕이 창제하신 한글이 널리 퍼져 세계 10대 외국어에 이름을 올렸다. 덩달아 한글배움터인 세종학당도 57개 나라 174곳으로 늘어났다.

나도 방탄소년단의 노래에 위로를 받는다. 그들의 노래를 '노동요' 로 듣고 있다. 신기하게도 고된 일을 할 때 들으면 시간의 흐름을 잊게 된다. 아들 삼형제 집안의 맏며느리지만 외며느리처럼 혼자서 집안 대소사를 치루는 벅찬 한경에서, 일곱 명의 건실한 청년들이 '너의 힘이 되어줄게' 라던가 '괜찮아' 하고 달래주는 노랫말을 들으면 노동의 시간이 순하게 흘러간다. 이번 여름, 복 중에 맞이한 시할머니의 제사도 맑은 얼굴로 지나갔다. 스마트폰에 저장된 방탄소년단의 노래를 되돌리기 하면서 종일 틀어놓고 일을 한 덕분이다. 노래 가사가 시가 되어 내 마음 속으로 스며들었다.

내가 방탄소년단의 '아미' 라는 사실을 알고 까무러치게 놀라던 큰딸은 같이 근무하는 유치원 동료 선생에게 이 사실을 말해주면서 즐거워

했다. 빅뉴스라고 좋아하던 유치원 선생은 집에 가서 초등학교 때 내 제자였던 고등학교 2학년인 큰아들에게 웃으면서 말해주었다.

"얘, 글쎄, 논술선생님이 방탄소년단 아미란다."

"엄만 그런 심각한 말을 어떻게 웃으면서 말할 수 있어?"

"뭘, 아미라고. 아미."

"암, 암이라면서. 어떡해, 선생님이…."

"무슨 소리야. 아 · 미, 너 아미 모르냐?"

큰딸은 가족들이 다 모여서 밥 먹는 자리에서 이 이야기를 전해주면서 자지러지게 웃었다. 덕분에 시어머니와 남편과 사위에게 나의 방탄사랑을 들키면서 유쾌한 분위기가 되었다.

한글은 기억을 불러 모아 빛나게 하는 문자이다. 내면에 잠재되었던 기억이 한글과 함께 버무려질 때, 우리말이 안겨주는 아름다움은 참으로 경이롭다.

시어머니에게서 언뜻 나오는 말씀도 한 시대의 언어생활을 보여주는 것이기에 정다울 때가 많다. 어쩔 때는 구십 평생 무탈하게 쓸고 닦고 살림만 사신 어머님이, 당신 눈에 차지 않는 며느리에게 하는 꾸지람조차 한 편의 시로 변할 때가 많다. 이렇게 자잘한 소리도 시로 변하는 것이 한글의 힘이다.

어느 해 여름, 뚝배기에 된장을 보글보글 끓이고 호박잎을 삶아서 저녁 밥상에 내놓았을 때 일이다. 그때 한 쌈을 드시던 어머님은 영 마뜩찮은지 예의 그 익숙한 소리를 속사포처럼 쏟아내셨다. 그날도 그런가 보다 하고 잠자코 듣는데 참으로 놀라운 일이 내 마음 속에서 일어났다. 우리 토속어가 이렇게 아름다울 수 있다니! 꾸지람도 시처럼 들리다니! 나는 그 순간 어머님이 토해놓은 말씀을 사투리로 바꾸어 시로 살려내었다.

호박쌈

꺼끌꺼끌한 껍데기를 머리부터 벗겨야
야들야들 숨이 알맞게 죽는 것이
착착 안기는데
이런 맛은 없고
이렇게나 빡 세니
이거 찌다 말은 것 아니냐

된장은 바득하니 끓여, 척 뜨면
찰진 못자리 흙 마냥
뚝 떠지는 맛이 있어야 하는데
물이 어렇코롬 흥건하니
야가 분명 옛날방식이라고 무시해서
솜씨가 안 느는 거야

시어머니는 끄적이며 적어대는 며느리를 보고 어이가 없는지 늘어지게 하려던 말씀을 이내 닫으셨다. 오히려 눈치 없게 참 고운 우리말이라고 되묻는 나에게 웃음을 보이셨다.

어머님이 태어난 1927년부터 지금껏 살아오신 시대는 한글의 순수가 빛났던 시대이다. 우리나라의 암울했던 근현대사를 몸으로 겪어냈던 세대지만 우리 한글을 아름답게 가꾸며 지켜냈다. 사투리는 각 도의 개성으로 맛깔스러웠고 상스런 욕마저도 능청스러웠다. 동방예의지국 백성답게 효는 관습으로 이어져 내려오고, 조신한 말은 한글의 품위를 더해주었다. 그러기에 어머님 세대의 언어는 시처럼 리듬을 타며 안존하게 들린다.

쇼셜미디어로 '빠름' 을 소비하는 요즘에 마음을 다독여줄 '시 읽기' 가 절실하다. 책 대신 기계와 친한 현 세대는 인터넷 대화창에서 그들만의 신조어를 언어로 선택하여 소통과 공감을 한다. 검지손가락이 생각을 앞서가는 세대이다.

한글은 낭송에 깊은 울림을 주는 문자이다. 유치원부터 초 · 중 · 고교 모든 학교가 공부 시작 전에 '시 읽기' 시간을 가졌으면 좋겠다. 나지막이 느릿느릿 시가 전해주는 속마음을 음미하고 읊으면서 빼어난 한글의 향기에 젖어 성장하는 청소년들을 꿈꿔본다. 그러다가 어른이 되면 '더 빠름' 을 추구하는 후손들에게 다정하게 시를 읽어주는 모습도 상상해 본다. 얼마나 아름다운가.

웹 3.0시대

뚜벅뚜벅뚜벅…

웹 3.0시대가 온다고 합니다. 검색 엔진으로 사용자의 마음속을 읽을 수 있다고 하는군요. 전달자가 생산한 것만 받기만 하던 정보수용자의 웹 1.0시대부터 지금 우리가 흔히 하는 댓글달기, UCC같은 동영상 제작하기, 개인 블로그 만들기를 자유자재로 하는 웹 2.0시대를 넘어 이제는 '인간의 두뇌' 처럼 생각하는 똑똑한 웹이 나온다고 하는군요.

문득 지난 가을, 여우비가 오던 어느 날이 생각납니다. 학생들에게 가르칠 복사한 자료를 들고 문방구를 나서면서 잘 나왔나 들여다보다가 우주가 만들어낸 신비한 생경함에 마음이 전기를 일으킨 듯 떨려 왔습니다.

길 한가운데였습니다. 한동안 길에 서서 꼼짝 않고 종이만 들여다보았습니다. 지나가던 행인들이 흘깃흘깃 쳐다보아도 그냥 내쳐 서 있었습니다.

세상에! 빗방울도 복사가 됩니다.

우산을 떠밀고 들어온 딱 한 방울이 자료에 묻어서 그대로 기계를 통과해 복사가 된 겁니다. 마치 "나, 여기 있어" 하는 듯이 십여 장이 물방울 복사가 되어 나에게 말을 겁니다. 깜직한 빗방울과 이야기하며 문득 사랑도 복사가 된다면 얼마나 좋을까 생각해 보았습니다.

가슴 속에 유목민의 기질이 꿈틀거려 보헤미안의 등불 하나 돋우고 있을 때,

하고 싶은 꿈의 심지가 약해져 희미해져 갈 때,

어느 날, 잘 걸어가던 삶이 뒤돌아보면서 멈칫거릴 때,

평화를 위해 내 삶과 타협하면서 마음이 마음에게 질 때,

낙엽이 비처럼 후두둑 떨어지는 가을 길을 만날 때,

기억이 내 손을 잡아끌고 엄마, 아버지와 걷던 붉게 타오르던 하우고개 가을 길을 보여줄 때,

'나그네길 인생길' 이란 문장이 마음에 내려앉을 때,

이럴 때 가슴을 복사기에 대면 찰나의 마음이 빠져 나가 사랑이 그대로 상대방에게 전해진다면… 그래서 마음이 마음에게 "사랑해" 하고 달려간다면 얼마나 좋을까요. 만약에 실제로 이런 일이 생긴다면 정말 이 세상은 전쟁과 다툼 대신 평화와 사랑이 넘실대는 살맛나는 세상으로 변할 겁니다.

길거리에 서서 나에게로 달려온 빗방울과 한참을 이야기했습니다.

웹 3.0….

그가 다가올수록 왠지 혼자 노는 사람들이 많아져 사막 같은 세상이 될 것 같다는 생각이 듭니다. 가뜩이나 스스로 따돌린다는 '스따' 들이 많

아서 사회문제가 되는 요즈음에 말입니다. 사실 스따도 사람 사이에 관계 맺는 일이 서툴러서 혼자 놀다 보니 사람 보다 기계와 친해진 거지요.

키보드나 펜 없이 생각만으로 글을 쓰거나, 손을 움직이지 않고도 휠체어를 움직이는 '생각을 읽는 기계'가 개발중이라네요. 곧 우리 앞에 짠하고 나타날 이 생각 기계가 우리 글 짓는 사람들에게 기쁜 소식일지 씁쓸한 소식일지는 실제로 오감으로 체험해 봐야 알 일입니다.

그래도 생각 기계가 기다려집니다. 글이 막혀 마음속에서만 말이 소용돌이 칠 때 이 기계가 엉킨 이야기를 뽑아서 활자화 시킬 것 같네요. 이러다가 우리 뇌 속에 있는 정보가 기계에게 몽땅 전수되는 그런 불행한 일이 오는 게 아닐런지요. 말하자면 무뇌형 인간의 등장 말입니다.

과학 진보의 결과물인 기계 속에 둘러싸이느니 지금처럼 주체 못하는 정情의 뻘밭 속에서 허우적대며 사는 것도 좋겠습니다. 웃다가 때로는 질펀한 눈물 바람을 흘려도 보는, 그런 신파조의 삶이 세상살이의 맛이겠지요.

생떽쥐베리의 <어린왕자>가 그리운 계절입니다. 이제는 그를 만나러 가끔 밤하늘을 쳐다보아야겠습니다.

한바탕 꿈

꿈이었다.

20대의 앳된 나는 남성적인 힘이 넘쳐나는 눈 쌓인 치악산을 올라가고 있는 중이다. 왜 갑자기 뜬금없이 푸르른 날의 그 산이 우람한 실체를 드러내고 나타난 걸까?

그때 우리는 상원사를 오르는 쌍갈래 길에서 길을 잃어버렸다. 산악회 회원을 통 털어서 딱 한 번 상원사에 먼저 가 보았다는 이유로, 좌장인 MF부의 김 과장님이 유명한 길치인 나에게 길을 물어본 것이 불찰이었다. 나를 쳐다보며 신뢰를 보내주는 눈빛에, 나는 어떤 낯익음에 끌려 오른쪽 산길 대신 왼쪽 산길을 손으로 가리켰다.

아! 이때부터가 불운의 연속이었다. 바로 지척 계곡 사이에 숨은 상원사를 두고 우리 유한양행 산악부 회원들은 얼어붙은 시월의 산속을 계속 헤매었다. 빽빽이 우거진 나무숲은 며칠 전에 온 첫 눈을 어깨에 얹은 채 길을 알려주지 않았다. 어느덧 달음박질로 뛰어온 어둠은 산 위에 겹

곁이 검은 망토를 둘러놓고 팔짱을 끼며 우리를 굽어보고 있었다.

저 멀리 산 아래 동네에는 아직도 환한 빛이 넘실대는데 우리가 헤매는 숲속은 해질녘 모든 사물이 붉게 물들면서 저 산등성이 너머로 다가오는 물체가 내가 기르던 개인지, 나를 해치러 오는 늑대인지 분간할 수 없는 늑대의 시간처럼 그렇게 어둑어둑해지고 있었다.

우리는 좌장의 지휘 아래 비교적 평평한 곳을 골라 야영할 차비를 했다. 이거야말로 전혀 예정에도 없던 야영이라 잔가지를 수북하게 쌓아놓고 모닥불을 피워 둥그렇게 둘러앉아 마음에 찰진 돌멩이 하나씩 품고 밤을 지새울 준비를 하였다. 탁탁 소리를 내며 빨갛게 타오르는 불씨와 나뭇가지가 타는 구수한 냄새를 맡으면서 청춘들은 원 없이 악을 쓰며 아는 노래라는 노래는 모두 불러대며 잠자려고 눈을 감은 숲속의 영령들을 시끄럽게 하였다.

숱한 젊음의 노래가 모닥불을 건너 날아다녔고 치악산의 밤공기 속으로 녹아들었다. 노래를 부르다 지쳐서 어느새 까무룩 잠이 들었다. 침낭도 없고 요즘처럼 고어텍스 같은 완벽한 등산차림도 없이 아무런 노숙 준비도 안 한 몸으로 스르르 잠속으로 녹아들어갔다. 얼마쯤 지났을까. 내 아랫배는 산속 냉기를 만나서 밤새 싸르륵 출렁거리고 준비해 간 약 두 알과 함께 새벽을 맞았다.

산허리에 앉아서 쉬고 있는 구름을 헤치고 첫 새벽에 산길을 돌아내려와 겨우 찾아낸 상원사의 절 마당에서 맞이한 아침은 그 맑음에 눈이 부셨다.

칫솔을 안 가져왔다고 쭈뼛거리던 좌장님께 나는 간밤에 길잡이를 잘못한 죄송함을 담아 내 새 칫솔을 드리고 친구 칫솔을 함께 쓰면서 "이제 살았다" 하고 웃었다.

꿈속에서도 혈기왕성했던 순수한 이십대의 한 폭이 선명하다. 지금도 치악산 상원사에 가면 해맑은 처녀 둘이 얼음 같은 찬물로 입안을 헹구던 그 실루엣이 남아있을 것 같다.

아침을 지어 먹고 산을 내려가면서 응달진 곳이라 눈이 얼어 반질반질해진 눈 내리막길을 만났다. 소리치며 미끄럼 타고 내려오던 산길이 꿈에서도 또렷하다. 그때 우리는 숲의 적막을 깨우면서 함성을 내지르며 신바람 나게 내려왔다.

서컹거리는 청바지의 감촉이 느껴진다. 나는 바지 끝단에 고드름을 주렁주렁 매달고 쏜살같이 내려가면서 짜릿한 통쾌감으로 꿈 많은 이십대를 관통했다. 쩌렁쩌렁 고함을 지르며 치악산에게 안녕 인사를 했다. 그날 십여 명의 산악회원들이 내지른 함성은 치악산의 얼음계곡을 지나 심장에 새겨졌다.

싱그러움에 감염되어 자면서도 웃었나 보다. 아침에 일어나니 몸이 가뿐하다. 한바탕 찾아온 풋풋한 꿈은 나를 순식간에 치악산 산꼭대기로 데려다 놓았다.

문득 나비가 되어 훨훨 날아다니는 꿈을 꿨던 장자莊子가 생각났다.

오죽헌烏竹軒의 가을

시월의 가을은 슬프다. 비껴 지나가는 것 같으면서도 사각거리는 소리로 존재를 알린다. 마치 잘 익은 주황색에서 물기가 빠져 나올 때 희미하게 바래서 나오는 그런 색깔이다. 시월은 끝자락이 되면 그동안 땡볕에 시달리면서 가슴 속에 옹골차게 품었던 열매를 다 내어주고 시들어가는 옥수수 이파리 같은 색으로 겨울을 부른다.

시월의 햇살 아래 서 있으면 쓸쓸하다. 길 가던 나그네의 외투를 벗길 만큼 용맹스럽던 햇발이 부챗살처럼 온 사방에 손을 뻗쳐도 그저 잔등만 따습게 데워줄 뿐 힘이 없다. 여기에 마음자락까지 푼더분해져서 자기 세상 만났다고 깝죽거리는 바람에게 슬며시 자리까지 내어주니 겨울에게 일찌감치 백기를 든 모습이다.

강릉의 웃음은 맑다. 버스에서 내리자 온통 가을 색에 물 들은 강릉이 낙엽 춤을 추며 반겨주었다. 막막대해漠漠大海 동해바다를 품고 역사적인 위대한 인물들을 탄생시킨 강릉이다.

현모양처의 상징 신사임당도, 아드님인 위대한 사상가 율곡 이이도, 남녀차별의 굴레에 갇혀 이상理想을 노래하다 시들어간 비운의 여류시인 허난설헌도, 자유분방한 지식인 남동생 허균도 모두 동해의 웅혼한 기상을 품은 강릉이 낳은 천재들이다.

이 걸출한 위인들을 찾아가는 길에 가을이 팔짱을 끼며 잘 왔다고 길동무를 해주니 마음이 즐거워졌다.

검은색 대나무가 수풀처럼 우거진 신사임당의 오죽헌을 들어선다. 오죽헌은 정문부터 안채 뜨락까지 기품어린 까만 몸을 빛내며 길손들을 맞이한다.

오죽은 육십년이 일주기인데 꽃이 피면 죽는다는 꼿꼿한 대나무이다. 여기에 줄기 색깔이 첫 해에는 녹색, 두 해째는 검은 자색을 띠다가 서서히 검은색으로 변한다. 키가 2미터에서 20미터까지 자라는 오죽의 바로 이런 고상하고 깨끗한 기품이 오죽헌을 대표한다.

오죽의 매력에 푹 빠져 있자니 문득 오죽 숲에서 검은 두루마기를 입은 율곡 선생이 뒷짐을 지고 바라보는 것 같다. 이끌리듯 오죽을 조심스레 만져본다. 차갑고 맑은 천년의 기운이 느껴진다.

마음의 귀를 열고 대나무 소리를 들어본다. 오죽은 곧은 마음으로 텅 빈 것처럼 다 비우고 살라고 수런거린다.

가을이 율곡 이이가 세상에 나온 몽룡실로 가자고 손을 잡아끈다. 툇마루가 있는 별채 방이 정갈하다. 이 방에서 조선의 어머니 신사임당이 동해에서 솟아오른 검은 용이 방문을 휘어 감는 힘찬 태몽을 꾸고 율곡 선생을 낳았다.

역사는 여성에게서 이어진다. 천하를 호령하는 왕도, 나라를 구한 영웅도, 한 세기를 풍미했던 철학자도 모두 어머니의 몸에서 태어났다. 신사임당은 엄격한 훈육과 가르침으로 우리 역사의 한 획을 그은 유학자이자 개혁자인 율곡 선생을 키웠다. 위대한 '여성' 신사임당이 위대한 '남성' 율곡 선생을 키워냈다.

몽룡실 옆 뜨락에 가보니 600살 먹은 전설의 홍매화가 이야기하자고 가지를 흔든다. 세월이 나무 줄기에 주름을 겹겹이 둘러놓아 늙어버린 매화나무는, 오죽과 같이 신사임당과 이율곡 선생의 어린 시절을 지켜본 벗이다. 매화나무는 은은하게 홍매화꽃을 함초롬히 피워놓고 함께 고락을 누렸다.

천년 세월은 흐르고 홀로 남은 매화나무는 집주인 대신 신사임당을 그리워하는 객들을 맞이한다. 매화나무에 가만히 손을 얹고 가을에게 말해본다. 다가올 겨울에게 부디 신사임당의 매화나무를 부드럽게 대해달라고 부탁해 본다.

여수, 그리고 가을비

가을비다. 온 국민이 애타게 기다리던 비이다. 히끄므레한 새벽빛을 젖히고 땅을 적시는 생명의 비다. 애타게 기다려 왔기에 반갑고도 고마운 단비의 감촉을 느끼며 나는 남해안 끝자락, 전라남도 여수로 향하는 버스에 몸을 실었다.

비는 하루 종일 부슬거리며 여정을 쫓아 다녔다. 얼마나 좋은 비雨요일인가! 그동안 온 국토가 목이 말라 손만 닿아도 부서질 듯 부석거려서 국민의 시름이 깊었는데, 목마른 생명들을 살려줄 빗줄기가 부드럽게 내리니 여행길도 순하게 풀릴 거라는 생각이 들었다. 나는 청량한 비 냄새를 맡으며 오늘 하루에게 모든 것을 온전히 맡겼다. 여정 내내 일부러 반쯤은 맞고 반쯤은 우산으로 가리면서 일정을 즐겼다.

여행은 비움의 미학이다. 머릿속을 꽉 채우고 있던 해마의 서랍을 열어 잡다한 사유의 부스러기를 덜어내고 비워내는 작업이다. 그래서 텅 빈 마음으로 새로움을 받아들이고 풍물과 사귀는 것도 즐거움이다. 여기에 덤으로 따라오는 매 끼니 때마다 일용할 양식을 만들기 위해 수고하는 시간에서 벗어나는 자유도 얻는다.

밥 때가 되면 잘 차린 한 상이 입맛을 돋우고 그 고장에서만 생산되는 싱싱하고 특색 있는 향토음식의 향을 맛보는 것도 여행의 특별한 즐거움이다. 그러기에 나는 마음의 벽에 배낭을 걸고 언제라도 훌훌 떠날 수 있게 준비를 한다.

혼자 하는 여행은 사색의 깊이를 더해준다. 익숙한 길을 떠나 낯선 길을 걸어가는 영혼은 곤두서기도, 풀어지기도 하면서 맑아진다. 생경한 풍경을 바라볼 때나, 고즈넉한 찻집 창가에서 막연히 오가는 사람들을 바라볼 때, 흐르는 시간이 느껴진다. 비로소 혼자가 되어 익명의 아무나가 되었기에 온전한 하루를 쓰는 자유를 얻는다. '누구'의 무엇이라는 명패를 호주머니에 넣고 '나'를 응시하는 시간으로 가득 채운다.

안개비에 젖고 있는 여수는 화선지에 번지는 수묵화 같은 풍경을 하고 기다려 주었다. 안개비는 낮의 얼굴을 뿌연 색깔로 칠하고 푸른빛 바다에 빗방울을 흩뿌려서 아득한 저 피안의 색으로 덧칠을 한다. 바다는 사람들이 허락도 없이 '배 정류장' 이라고 이름 붙여서 여러 척의 배를 정박해 놓아도 아무 내색 않고 편히 쉬라고 넉넉한 품을 내어주고 있었다. 아니 요람을 흔드는 엄마의 손길처럼 작은 배를 조용히 흔들어 주고 있었다. 그러면서 배가 잠을 깰까봐 조심스럽게 뒤척인다.

유람선을 타고 오동도에서 돌산대교로 가는 바닷길은 잔잔했다. 부슬거리는 비를 맞으며 이층 갑판에 올라가 바다를 바라보다가 아버지가 생각나서 마음이 축축해졌다. 아버지는 노래를 참으로 맛나게 부르셨다. 약주로 얼굴이 불그레해지면 아버지의 18번인 '아아 으악새 슬피 우니'나 '오동추야 달이 밝아'를 유창한 가락으로 부르셨다. 그때 곁에서 들던 오동동타령이 이렇게 오동도를 바라보니 빗물처럼 가슴에서 아버지의 노래가 저절로 흘러나온다. 오동동타령과 비슷한, 오동도 바닷길을 바라보며 저세상으로 가신 아버지, 어머니가 보고 싶어서 가만히 노래를 읊조린다. 부슬비를 품은 바닷길이 하얀 물거품을 일으키며 아버지 어머니 모습을 이끌고 따라온다. 멀어져가는 오동도를 바라보며 눈물 나게 부모님을 그리워한다.

비오는 바닷길에서 케이블카 쇠줄에 몸을 의지하며 바다를 건너간다. 바로 아시아에서 네 번째, 국내 최초라는 해상케이블카이다. 창문으로 내려다본 바다는 흐릿하게 누워있는데 강철로 무장한 케이블카는 잔잔하게 내리는 가을비를 달래면서, 줄 하나에 매달린 나를 무사히 내려준다.

비는 서울에 닿도록 밤 열두 시가 가까운 시간까지 뒤를 쫓아오고 양천향교에서 내린 나는 우산 속에서 택시를 기다렸다.

죽음, 그 어떤 시선

죽음은 비일상적이다. 어느 날 일상적인 나날을 비집고 들어와 야금야금 터를 잡다가 아예 드러눕는 불청객이다. 사람들은 이런 비일상성에 놀라 부정하고 거부하는 혼돈에 빠진다.

인간은 살아가면서 애써 '죽음' 그 본질을 외면하고 배척한다. 행여나 죽음과 맞닥뜨릴까 봐 터부시하며 오만 가지 금줄을 쳐놓고 방어막을 만든다. 생의 밝음을 지향하면서, 인간이 규정한 성공이라는 정상을 향해 앞만 보고 달린다.

그러다가 타인보다 특출한 삶을 살았던 사람이 떠나면 그의 출생 이력이나 업적을 기리면서 다시 '죽음'을 공통 담론으로 끌어들인다. 떠난 이가 이루었던 열정과 성취는 오늘을 살고 있는 우리에게 허투루 살지 말라는 삶의 지표를 제시해 준다.

우리는 우리가 사랑했던 그가, 알지 못할 피안의 세계로 옮겨진 것을 애석해 하며 그가 행했던 언행과 어록을 그리워하면서 마음속에 여운을 가득 담는다. 치열한 삶 안에서 겸허하게 살아낸 그를 따듯한 마음으로 기억한다.

2011년 3월, 일본 동북부 지역 미야기 현과 이와테 현에서 한꺼번에 수만 명에 이르는 사람들의 혼이 너울거리며 하늘로 올라갔다. 사랑하는, 사랑했던, 무관했던, 무심했던, 아파했던 ,절망했던 마음과 함께 하얀 투명체가 허공을 너울거렸다. "악!" 비명도 지르지 못한 채 시커먼 얼굴로 바리바리거리며 괴이쩍은 소리를 내는 태산 같은 파도 더미에 휘말려 한 점 티끌이 되었다.

현대를 사는 우리는 쇼셜네트워크 기기를 두들기다가 영문도 모른 채 이승을 떠난다. TV 화면은 적나라하게 지진 해일이 가져다준 공포를 확산시켰다. 버나드쇼의 묘비명처럼 '죽음은 우물쭈물하다가 혼자 고적하게 가는 것이다' 라는 보편적인 생각을 가졌던 보통 사람들은 하늘 닿는 파도 더미에 한낱 검불같이 당하는 사람들의 생생한 영상을 보면서 집단죽음에 당황하며 허둥거렸다.

땅의 영역으로 시커멓게 몰려오는 파도 더미를 보면서 아이러니하게도 -처얼석 척, 쏴아 따린다 부순다 무너버린다 태산 같은 높은 뫼, 집채 같은 바윗돌이나 요것이 무어냐, 요게 무어냐- 하는 최남선의 <해에게서 소년에게>가 겹쳐졌다. 최남선은 시대를 호령했던 진시황도, 나폴레옹도 거대한 바다 물결에 무력한 존재임을 시로 읊었다. 바다는 쓰나미를 일으켜서 대대로 가꾸던 인간의 터전을 눈 깜짝할 사이에 때리고 부수고 무너트렸다.

우리 곁에서 유순한 미소를 짓고 마냥 베풀기만 하는 자연에게 익숙해진 나머지 자연의 무궁한 힘을 과소평가 했다. 인간은 자연의 표면에 경쟁하듯이 거대한 구조물을 빽빽이 세웠다.

자연에게 허락도 받지 않고 인류의 무궁한 번영을 위한다는 구실로 원자력발전소를 세웠으며 한술 더 떠서 각자의 나라가 최고의 기술을 보유했다고 자랑하는 오만을 부렸다. 사람들은 빨라진 감각에 맞춰 소비를 하고 이윤추구라는 욕망으로 대량 상품화와 함께 무분별하게 자원을 사용하며 환경을 파괴했다. 이렇게 소비한 상품은 일회성의 싫증으로 쓰레기통으로 들어간다.

기후변화 이상으로 더 이상 견딜 수 없었던 자연은 지각의 힘을 빌려서 리히터 8.8 규모의 대지진을 보냈다. 바다가 울부짖었다. 바다는 살기 위해서 더 높은 곳으로 달려가는 사람들의 꼬리를 따라잡고, 사람이 세운 시설물을 무너뜨렸다. 성난 물결에 어선은 지붕으로 올라앉고 문명의 유희로 즐기던 자동차는 구겨진 부평초가 되어 떠내려갔다. 순식간에 마을은 거대한 쓰레기 더미가 되고 문명이 사라졌다.

느닷없이 비일상적으로 찾아온 집단적인 죽음의 손길에서 벗어난 사람들은 돌아갈 집이 없어졌다. 사랑하는 가족과, 친숙했던 이웃과도 생이별을 했기에 살아남았다는 사실도 미안하고 또 미안해서 눈물만 흘렸다. 행여나 해서 가족을 찾는 글귀가 게센누마 이와테 현에 빽빽하게 숲을 이뤘다.

통곡도 분노도 꾹꾹 눌러 삼킨 채 생존을 위해 긴 줄을 선다. 빵을 받기 위해, 생수를 받기 위해 그그저께도, 그저께도, 그제도, 어제도, 오늘도 침묵 속에서 줄을 섰다. 어두운 얼굴로 말없이 차례를 지켰다.

분노가 끝난 자연에게 이렇게 겸허하게 받아들인다고, 슬픔조차 내색하지 않는다고 담담하게 말을 걸었다. 힘을 내어 생명의 질서가 지배하는 삶 속으로 걸어 들어갔다.

죽음을 정면으로 마주했던 사람들의 상처는 깊고 어둡다. 우리 모두 생명을 가진 모든 종은 죽음을 맞는다 라는 사실을 알고 있지만 재난이라는 또 다른 검은 공포는 살아남은 사람들을 끝없는 나락으로 빠트렸다.

처음 죽음을 인지했던 까마득한 유년시절이 떠오른다. 더께로 먼지가 껴서 겨우 눈구멍만 흐릿하게 보이는 작은 유리창 저 편에서, 붉은 종이꽃으로 치장한 상여의 영상은 아직도 나에게는 어둠으로 남아있다. 가마를 멘 상두꾼의 선창소리에 후렴으로 따라 부르는 쓸쓸한 노랫가락이 이웃 할매의 죽음을 바라보던 꼬마의 시선에 갇혀 아직도 흘러나온다.

'어허이' 길게 끄는 소리와 '바리바리' 거리며 순식간에 다가오는 검은 바닷물이 내는 초혼 소리는 내 삶의 뒷골목에서 오랫동안 웅크리고 있을 것 같다.

나의 태산

2011년 2월 14일 0시 1분에 진을주 선생님이 영면하셨다는 부음을 전해 듣는 순간, 내 안에서 만해 한용운 선사의 그 불후의 명시가 터져 나왔다.

님은 갔습니다. 아아, 사랑하는 나의 님은 갔습니다.

푸른 산빛을 깨치고 단풍나무 숲을 향하여 난 작은 길을 걸어서 차마 떨치고 갔습니다.

정말 그랬다. 우리 문단의 태산 같은 큰 산이 떠나가셨다. 선생님은 푸른 산빛을 깨치고 창공을 너울너울 날아서 우리 곁을 떠나가셨다.

나는 그날 종일 '님의 침묵'을 불경처럼 읊조리면서 숙연하게 보냈다.

진을주 선생님과 나와의 인연은 문학수업기와 역사여행기로 나뉜다. 뙤약볕이 지글거리던 1999년 팔월의 여름, 시 창작 첫 수업 첫 시간의 그 떨림을 나는 아직도 간직하고 있다. 즐겨 입으시는 흰색 신사복을 멋지게 차려 입고 후리후리한 큰 키로 강의실에 들어서실 때의 그 모습이 아련하다.

선생님은 손수 쓰신 자료를 우리에게 나눠주며 제1강 '시란 무엇인가' 부터 치열하게 가르치셨다. 모두들 문학의 걸음마를 겨우 뗀 문우들은 눈을 반짝이며 귀를 쫑긋 세웠고, 선생님은 2시간 내내 시 창작의 바다로 헤엄쳐 나가셨다.

그 여름에서 가을, 겨울 그리고 해가 바뀐 새해 1월 19일까지 우리는 선생님이 차려주신 시의 밥을 먹고 무럭무럭 성장해 나갔다. 매주 숙제로 내주신 '시 1편 써오기' 를 지상 최대의 과제로 알고 끙끙대었다. 설레이는 마음으로 써낸 시가 선생님만의 특유의 음색으로 낭송되었을 때 나는 꽃이 되어 활짝 피어났다. 정말 꿈결 같았던 6개월의 행복이었다.

선생님의 시론 강의의 요점은 지금도 나의 문학에 자양분이 되고 있다.

"내 작품이 나 자신을 울리지 못하면 남을 감동시키지 못한다. 먼저 자신을 감동시켜라."

"따끈따끈한 신문이나 TV 뉴스에 관심을 가져라. 현재 이슈에 자신의 시를 접목시켜라."

"현대는 노마드 시대이다. 언제나 영혼을 전 지구적인 곳에 떠나보내서 시선을 맞춰라."

선생님과의 문학수업 영향으로 나는 오늘도 여전히 신문을 1면부터 32면 광고면까지 구석구석 탐색한다. 스크랩해둔 기사가 서재 벽에서 키를 높이고 있다. 이런 습관이 진을주 선생님께 받은 소중한 나의 문학 유산이다.

두 번째로 역사여행기의 인연은 국내 여행 외에 첫 해외여행으로

2002년 7월 26일부터 8월초까지 했던 중국 집안 지역의 고구려 유적과 민족의 영산 백두산 탐방이다.

마침 선생님의 유고집 《송림산 휘파람》 표지에 나오는 선생님 사진은 백두산 천지 앞에서 선글라스를 쓰고 멋지게 포즈를 잡으신 모습이다. 멋쟁이 색깔인 하얀 신사복 속에 입으신 붉은 티셔츠는 2002년 월드컵 열풍이 거셀 때 단체로 준비해간 붉은악마 티셔츠이다.

이제는 속절없이 남의 나라 유산이 되었기에 더욱 애잔한 광개토대왕과 장수왕의 업적인 고구려 유적을 뒤로하고 백두산에 올라갔을 때였다. 우리보다 한 발 앞서 올라간 다른 단체는 운무가 짙게 껴서 천지를 못 보았다고 아쉬워했는데, 뒤이어 올라간 우리 팀에게는 신령스런 백두산 정령이 맑고 푸른 천지를 보게 허락해 주었다.

그때 가슴이 얼마나 벅차올랐던지 높게 울려 퍼지는 함성과 함께 여기저기서 카메라 셔터 터지는 소리도 함께 울렸다. 진을주 선생님이 백두산 천지의 모습을 배경으로 찍으신 멋진 사진도 바로 그 순간에 탄생했다. 그렇게 세월은 저만치 달려갔지만 사진은 책 표지로 태어나서 추억 속으로 나를 부른다.

또 하나의 기억이 몸을 일으킨다. 뜨거웠던 북경의 여름날, 무질서한 혼란 속에서 장대처럼 높이 솟아올랐던 베이지색 양산이 눈에 어린다.

서태후의 여름궁전 이화원으로 가는 북경 거리에서 우리 탐방 팀 60명은 세계 1위의 인구 대국다운 엄청난 인파 속에 갇혀 길을 뚫지 못하고 땀만 비 오듯 흘릴 때였다. 그때 1호 팀 선두 쪽에서 양산 하나가 공중에서 높이 솟아올랐다. 바로 진을주 선생님이 높이 들은 양산이었다. 양산은 지구문학 발행인이자 사모님인 김시원 선생님께 선물할 양산이었다.

정체된 그 찰나에 진을주 선생님은 양산을 높이 들었다. 우리 2호 팀은 양산을 깃대 삼아서 무지막지한 사람들의 물결을 뚫고 이화원으로 무사히 접어들었다. 선생님의 기지가 빛을 발한 순간이었다. 모두가 그립고 그리운 추억이다.

또 이듬해 여름에도 <조선통신사 발자취를 찾아서>라는 테마로 일본 히로시마를 걸친 역사 탐방 길을 떠났다. 일본 여행길에도 선생님과의 많은 이야기가 추억이라는 꼬리표를 달고 출렁거린다. 이렇게 여행길은 숱한 이야기를 만들어 내고 도타운 정을 선물했다. 모두가 정겨운 추억들이다.

아아 님은 갔지마는 나는 님을 보내지 아니하였습니다.

제 곡조를 못 이기는 사랑의 노래는 님의 침묵을 휩싸고 돕니다.

나의 마음의 서랍 '문학' 을 열면 온화한 선생님의 가르침이 딸려 나온다. 정말 그립다.

초록으로 사운거리는

여행은 낯익은 길을 떠나 낯선 길에 나를 맡기는 두근거림이다. 낯선 도시를 걸을 때 질끈 동여맨 운동화 밑창으로 묻어나는 미세한 떨림도 여행이 안겨주는 유쾌한 긴장이다.

이번 <동유럽문학기행>에 나를 맡긴 것은 <계간문예>가 주최해서이다. 떠나기 전날까지 일정표를 건성으로 훑어본 것도 무한한 신뢰를 바탕으로 한 믿음이었다. 마음의 경계를 넘어서면 온전히 신뢰를 보내는 성격이다. 헝가리, 체코, 오스트리아, 독일, 얼마나 근사한 나라들인가. 이름만 들어도 초록으로 사운거리는 푸르름이 내게로 다가와 안긴다.

이번 여행은 스스로 텅 비우기로 마음먹었다. 독일항공 루프트한자 기내에서나, 고속도로를 달릴 때에도 마음을 가볍게 했다. 겉치레가 두르고 있던 모든 무거움을 벗어버리고 견딜 수 있을 만큼의 가벼움을 실행하리라 마음먹는다. 찰나가 주는 삶의 부스러기를 눈에 담고 세월이 켜켜이 쌓일 때 끄집어내어, 육십 대를 관통한 유월의 어느 날을 회상해야겠다.

낯선 나라 낯선 도시에서 나를 스쳐 지나가던 사람들을 막연히 바라만 보는 이방인이 되기로 한다. 스튜어디스나, 거리의 표지판이나, 호텔 식당에서 시중드는 종업원들의 언어를 짐작으로 알아들으며 낯선 언어들이 부딪치는 소리에 살아내고 있음을 느낀다. 밥을 구하기 위해 분주히 움직이는 그들의 하루를, 휴가라는 이름으로 즐기는 한국 여자가 하루를 안으로 삭히며 바라본다.

물의 품격도 느낀다. 독일 식당에서 정갈한 앞치마를 두른 그녀가 늘씬한 유리병에 든 물을 우아한 자태로 따라줄 때 물은 빛났다. 물이 유리잔에 부어질 때 왠지 혀만 살짝 축여야할 것 같아 한 모금만 넘긴다. 점심을 먹는 내내 물은 포도주와 같은 대접을 받으며 "워터 플리즈." 할 때만 얼굴을 내민다.

물의 고급화에 놀랐는지 그때까지도 뱃속에서 깔쭉거리던 기운이 스르르 사라진다. 빠듯한 여정에 몸이 송곳으로 일어날 때, 절식으로 허기를 느낄 때, 마음도 견디어내야겠다는 결로 단단해질 때, 나는 배탈로 예민해진 몸이 일상으로 돌아와 주기를 간절히 기다렸다.

국경이 사라진 기이한 체험도 했다. 상상만 했던 유럽연합의 힘을 고속도로를 통해 느낀다. 비 오는 오후, 헝가리에서 오스트리아 비엔나를 향해 달릴 때이다. 보슬거리는 빗방울이 차창으로 뛰어들어 차안이 아늑해지고 마음이 풀어진 순간이다. 김춘수의 시 <부다페스트에서의 소녀의 죽음>을 낭송하는 차윤옥 사무총장의 목소리는 잔잔한 슬픔이 되어 춤을 추고, 고속버스 네 바퀴는 헝가리 국경을 넘었다. 오후 여섯시, 이 시간부터는 오스트리아의 시간이다. 모두들 박수를 친다.

여정이 깊어질수록 고속도로는 거침없는 몸짓으로 새로운 나라를 열어 보인다. 오스트리아에서 체코로, 체코에서 독일로 달리고 또 달린다. 당대 유럽을 들썩거렸던 천재들이 넘나들었던 유랑의 길이다. 고통으로 가득 찼던 세상의 길을, 검문을 받거나, 지금처럼 경계가 없이 오가거나, 정신적으로 허기가 지면 떠나서 디아스포라가 되었을 그들을 좇는다. 릴케가, 괴테가, 헤르만 헤세가, 카프카가, 프로이드가 문학과 의학, 생계의 완성을 위해 구하고자 했던 흔적을 따라간다.

길을 따라 달리는 내내 구릉은 끝없이 이어진다. 무성한 목초는 초록빛으로 사운거리고, 보라꽃 라벤다 들판은 바람의 손을 빌려 보라 향기를 퍼트린다. 끝도 없이 이어진 풍력발전기 군락과 소떼들도 자연과 어우러진 그림이다.

국가와 국가, 도시와 도시, 지방과 지방을 연결해주는 고속도로의 수고를 생각한다. 헝가리에서 사온 관절 연고 악마의 발톱을 바른 무릎에서 쏴한 기운이 올라올 때, 독일에서 사온 쌍둥이칼이 도마를 울릴 때, 나는 고속버스에서 흔들리던 시간을 불러 모은다. 그 시간들을 명징하게 만져본다.

길 위에서

사람은 누구나 길 위에서 살다 길 위에서 죽는다. 길에게 감히 허락도 받지 않고 관습대로 터를 사서 집을 지으며 자족하며 살다가, 부족하다고 느끼면 집을 등지고 더 큰 집을 찾아 길을 나선다.

이 모든 일이 길 위에서 생성하고 소멸된다. 이런 행위를 우리는 역사라고 부른다. 지금 우리가 딛고 있는 이 길도 예전에는 우리의 선조들이 걸었던 길이다. 그들도 길 위에서 살았으며 투쟁을 하고 사랑을 했다. 그래서 역사라는 거대한 흔적을 남겼다.

인류의 존재란 무엇인가. 그것은 지난 시대時代가 길에다 세웠던 당대 최고의 문명 흔적들을, 현세의 우리가 보고 만지고 유추하면서 숨어있는 의미를 찾는 것이다. 그러면서 각각의 관점으로 고대 사람들을 불러 모은다.

태생적으로 노마드(nomad) 적인 유랑 정신 유전자를 지닌 현대인은 관광이라는 이름으로 타국의 길 위에서도 서성거린다. 일상의 무게가 목까지 차오를 즈음에 묵중한 여행 가방 바퀴가 내는 경쾌한 소리를 끌고 공항 출국장에 마음을 풀어놓는다.

둘둘둘, 바닥에 낙인을 찍듯 힘차게 굴러가는 바퀴 소리는 얼마나 마음을 달뜨게 하는가. 운명처럼 유목민 기질을 타고난 사람들은 가슴 뛰는 큰 울림에 길을 떠나고 싶어 얼굴이 달아오른다.

여행은 길 위에서 또 다른 길을 찾고 바람에게 길을 물으며 가보지 않았던 길을 대책 없이 떠나는 모험이다. 때때로 나는 마음 속 방문에 걸어둔 배낭을 메고 길을 찾아 나선다.

늘 닮은 하루가 싫증이 날 때, 신문 밑면에 난 여행지의 조그만 활자가 커다랗게 보일 때, 실크로드에서 만났던 손뜨개로 뜬 하얀 납작모자를 쓴 모래바람 닮은 남자의 웃음이 생각날 때, 끄덕끄덕 타고 갔던 타클라마칸사막의 낙타 엉덩이가 아스라하게 느껴질 때, 몽골 게르에서 잠잘 때 뻥 뚫어진 천장 틈새로 뛰어 들어온 빗방울이 몹시 그리울 때, 중국 명사산 사막 길의 반달 미인 월아천이 며칠을 두고 눈앞에 아른거릴 때… 나는 낯선 도시가 풀어내는 이야기를 듣고 싶어서 짐을 꾸린다.

공항은 <여행은 지루한 일상을 탈출하는 스포츠이다> 라는 유혹의 글귀를 만들어서 번쩍거리는 전광판에 실어 사방에 퍼트린다. 길 떠날 차비를 한 사람들은 설레임과 야릇한 열기를 들뜬 목소리로 만들어 공중으로 날려 보낸다. 저 먼 미지의 나라로 데려다 줄 문명이 만든 거대한 비행기를 기다리며 일탈을 한다.

이윽고 꿈처럼 다른 삶으로 살아보다가 저마다 짐 꾸러미 하나 가득 끌고, 지고 출구를 빠져나온다. 출구는 다시 일상으로 돌아왔다는 인사의 통로이다. 아주 잠시 지겨움에서 벗어났으나 다시 제 자리에 꽉 박히는 그런 것이다.

어느 해 여름, 나는 축 늘어진 고무줄 같은 하루에게 작별을 하고 끈적끈적한 대만으로 날아갔다. 비행기에 나를 맡기고 하늘 길을 따라 대만

속으로 들어갔더니 앵앵거리는 주황빛 꿀통 같은 그런 무더위가 반겨주었다. 아직도 낯선 풍경이 손에 잡힌다.

우리나라 삼성이 멋지게 지어서 대만의 명소가 된 <타이페이국제금융센터 101타워>를 구경하는 대신에, 대만 국부 장개석 총통의 <중정기념관>을 택한 나를 버스는 어둑해진 정문에 내려주었다. 길 위에 발을 딛는 순간 반쯤은 막막했고 반쯤은 들떠있었다.

후끈한 저녁을 빨아들이는 광화지光華地에 몸을 담근 꽃은 진한 향기를 내뿜고, 장엄한 교대의식이 치러질 본관은 기역자로 꺾어져서 아득히 멀어보였다.

어둠에 잠긴 길은 사방팔방으로 긴 손을 내밀며 유명한 길치인 나를 혼란스럽게 한다. 나는 어림짐작으로 쭉 곧은길로 가다가 후텁지근한 더위에 갇혀버렸다.

가로등이 동그란 눈을 뜨고 지켜보는 돌계단에 털썩 주저앉아 마음을 풀어헤치며 밤풍경을 바라보았다. 지금 이 순간은 다시는 오지 않을 것이므로, 이렇게 헤매는 미로 같은 길도 추억 상자에 곱게 넣어질 것이므로, 나는 순간을 즐겼다. 저기 본관으로 나가는 길이 희미하게 보이기에 잠시 쉬다가 다시 나아갈 것이다.

기념관 정문을 찾아간다. 더위를 뚫고 열 한명의 푸르른 청소년들과 함께 길을 걸었다. 활짝 핀 꽃들이 내뿜는 숨소리를 들으면서 약초, 구근초, 방향초가 잠자고 있는 정원을 지나갔다. 꽃들은 우리가 다가오자 본능적으로 존재를 알리려고 진한 향기를 터트렸다.

어둠에게 몸을 기대고 더위를 머금은 길과, 목적지를 알려주려고 빛을 내는 가로등의 보호를 받으며 우리는 꽃길을 걸었다. 드디어 대만의 근현대사가 농축된 절도 있는 장엄한 교대식을 보았다. 이국의 길 위에 단단히 발을 붙이고 팔짱을 끼고 바라보았다.

타이완, 그 속살거리는 골목길

아직도 타이완의 골목길이 속살거리는 소리가 들린다.

길게 늘어선 가게들이 머리 위에 달은 붉은 등을 양 겨드랑이 사이에 품었다가 아침이면 내어놓는 오밀조밀한 거리이다. 좌판들은 소리들을 한꺼번에 골목길에 풀어놓고 이웃나라에서 찾아온 길손들을 은밀하게 유혹한다. 바로 중국의 옛 정취가 고스란히 남았다는 지우펀의 골목길에 서였다.

지우펀은 대만의 수도 타이페이의 타오위엔 국제공항에서 자동차로 한 시간 정도 들어가면 만날 수 있는 산 위에 조성된 거리다. 지금은 옛 거리의 좁은 골목길이 문화상품으로 다시 태어나 대만을 대표하는 얼굴이 되었다.

골목길 순례 중에 처음으로 맞닥뜨린 것은 냉동시설도 없이 날고기를 실온에서 파는 작은 트럭이었다. 트럭 뒤 짐 싣는 칸을 가게로 개조한 공간에 갈고리에 꿰인 돼지고기와 기름 덩어리들이 주황색 더위 같은 얼굴로 매달려 있었다. 마침 찬거리를 사러 트럭으로 모여든 대만 주부들의 흥정을 구경할 수 있었는데, 러닝셔츠만 입은 주인이 시퍼렇게 날선 칼로 고기를 뚝뚝 떼어 저울에 달아 판다.

"에구, 상했으면 어쩌려고." 얼굴을 찡그리는 일행에게 나는 이런 풍경은 아열대지방 사람들의 흔한 일상이라고 말해주었다.

어느 해 푹푹 찌던 여름날 베트남 골목시장에서 만났던 풍경과 판박이였다. 마치 옷가지를 쌓아놓은 것처럼 벌건 돼지고기를 냉방장치도 없이 아무렇지도 않게 살덩어리 그대로 좌판에 올려놓고 자연스럽게 팔던 그 광경을 실감나게 버무려서 말해주었다. 그녀는 그때의 나처럼 문화적 충격을 받았는지 찡그린 얼굴로 고개를 끄덕인다.

서로 다른 문화의 충돌이다. 대만의 기후와 습도는 고기를 마치 훈제한 것처럼 물기를 빨아드리고 육질을 쫀득하게 만든다. 허연 성에를 달고 빵빵하게 돌아가는 냉동고가 없어도 쉽게 상하지 않으니 여기 사람들은 이런 상업을 유지하고 있다. 길거리표 고기를 먹고 탈났다는 사람들이 없기에 이런 풍경은 흔한 일상일 것이다.

억센 왈짜마냥 골목길을 턱 허니 막고 있는 트럭을 지나니 쭉 늘어선 중국 냄새 폴폴 나는 가게들이 방글거리며 유혹한다. '대만야종' 이라고 쓴 빨간 현수막을 내건 과일가게는 반으로 쪼개서 과육이 흥건히 흘러넘치는 열대과일을 늘어놓았다. 천상의 새소리와 닮았다는 오카리나는 도자기 몸에 은은한 파스텔 색을 빨아들여서 투명한 빛을 내뿜는다. 앙증맞은 휴대폰 줄 가게, 민속인형 가게, 중국전병 가게와 올망졸망한 소품들이 한데 어울려 서로 쳐다봐달라고 말을 건다.

지우펀 거리에서 우리나라 드라마 <온 에어>를 촬영했다. 어느 배역을 맡아도 진지하게 몰입해서 빠져드는 연기가 좋았기에, 아직도 그의 죽음이 슬프고도 아까운 남자 주인공 박용화는 김하늘, 송윤아와 지우편 골목길을 달리면서 사랑을 남겼다. 이런 인연이 엉키었기에 이 거리가 더욱 애잔하고 정이 간다. 그의 발길이 닿았던 골목길이 그를 보고 싶다고 아우성치는 것 같다.

골목길에서 치유의 손길을 담은 말言과 만났다. 유순하며 한없이 겸손하고 너그럽게 우주까지 포용하는 말이다. 이 말이 뜻하는 함축은 가히 폭발적이다. 꽁꽁 언 마음을 단숨에 잠재워 버리는 마력이 숨어있다.

'그럴 수도 있지!' 라고 여러 번 속삭이는 사이에 신기하게도 때가 낀 마음결이 씻겨 진다. 사람들 숲에서 일어나는 관계와 소통 부족 때문에 앓았던 마음이 스르르 풀렸다.

"어떻게 그럴 수가 있니?" 를 가슴에 품으면 독毒이 되고, 독은 번민의 나락으로 밀어 넣는다. 그러나 거꾸로 "그럴 수도 있지!"라고 말꼬리를 내리면 상대방을 용서하게 되고 마음 품이 넉넉해진다. 이런 마음이 '나를 용서하고 너를 용서한다' 라는 마음으로 변환되어 신비하게 마음을 다독인다. 모두 다 '마음의 리모델링' 이라는 주제로 다정하게 이야기 동무를 해주신 경희대학교 명예교수 김윤희 교수님의 '그럴 수도 있다' 라는 언어가 부린 마법이다.

골목길 끝자락에 전망대라고 불리는 모서리 길에서 다리쉼을 하다가 거미줄처럼 사방으로 뚫린 전통찻집 거리로 발길을 옮겼다. 새로운 골목길이 낯을 붉히며 겨우 한두 사람이 다닐 만큼의 품만 내준다. 보이차 가게가 들어오라고 향기로 손짓했다.

심양, 그리고 소현세자

모든 개혁에는 혹독한 희생이 따른다.

로버트 프로스트가 시 <가지 않은 길>에서 가보지 못했던 길을 끝내 그리워했듯이 시대를 앞서 읽는 선각자들은 편한 삶이 보장된 길 대신 자갈투성이 험한 길을 택하여 고난을 자처한다.

어느 시대나 풍운아는 핍박을 받는다. 그물망처럼 씨줄 날줄로 짜여 작동하는 철옹성의 기존 질서를 해체하려 하기에 저항이 크다. 하물며 국가를 개혁하려는 과정에서 통치자의 전폭적인 긍정이 없다면 죽음조차 각오해야 한다.

역사에서 우리는 수많은 '만약에'를 만난다. 7년간의 임진왜란으로 황폐해진 나라를 재건해야 하는 막중한 책임을 맡은 비운의 왕 광해군이 가고자 했던 길이 있다. 전쟁으로 국가 재정은 바닥을 드러냈고 백성들의 삶은 궁핍했다. 궁궐은 불타버렸고 나라의 기강도 약해졌기에 광해군의 어깨는 무거웠다.

광해군은 능통한 중립외교로 나라를 안정시킨 왕이다. 임진왜란 이후에 피폐해진 나라를 부국강병으로 다졌고 경기도에 시범적으로 대동법을 시행하여 공평과세의 기초를 다졌다. 불타버린 궁궐을 다시 건립하여 왕실의 위엄을 다졌으며, 조선왕조실록을 보관했던 충주사고와 청주사고가 불에 타자 적산산성에 사고를 설치하여 실록과 중요 서적을 지킨 왕이다. 그랬기에 오늘날 우리 곁에 귀중한 문화유산으로 남았다.

광해군은 냉철한 판단력으로 조선을 둘러싼 국제외교에서 저물어가는 명나라 대신 떠오르는 후금(청)과 실리외교를 추구했다. 명나라와 후금 사이에 전쟁이 일어나자 강홍립 도원수에게 1만 명의 병사를 주어 파병을 요청한 명나라를 도와주는 척 하다가 의도적으로 후금에게 투항하라고 명을 내렸다. 막대한 희생 대신 실리를 택한 현명한 군주이다.

광해군 시대를 안타까워하며 뒤집혔을지도 모르는 역사에게 '만약에'로 묻는다.

만약에 능양군(인조)을 추종하는 서인 세력들의 명분인 폐모살제라는 빌미를 주지 않았더라면…

만약에 광해군이 왕위에 오르는데 도움을 주었던 대북파 세력들만 중용하지 않고 다른 당파도 균등하게 대했더라면…

만약에 광해군이 궁궐을 철통같이 지키는 충직한 친위대장을 두었더라면…

만약에 서인 세력이 일으킨 인조반정 쿠데타가 실패했더라면…

또 만약에는 광해군을 폐위시키고 왕위에 오른 무능한 인조를 겨냥한다.

만약에 인조가 광해군처럼 국제정세를 내다보는 안목이 예리했더라면 조선은 참혹한 병자호란을 겪지 않았을 것이다.

왕위에 올려준 신하들의 요구대로 친명배금 정책을 편 인조는 결국 후금의 대규모 3만 병력의 침략을 불러들였다. 미처 강화도로 피신을 못하고 남한산성으로 간 인조는 1만 명의 병력으로 최후의 항전을 벌이다 40일 만에 식량이 바닥나서 결국 항복한다.

인조는 세자와 함께 남한산성 서문으로 나가 송파나루 삼전도에서 청 태종에게 무릎을 꿇고 이마에 피를 흘리면서 세 번 절하고 아홉 번 머리를 조아리는 삼배구고두례三拜九叩頭禮의 치욕을 겪는다. 청은 소현세자와 세자빈, 봉림대군과 신하들을 인질로 잡아 청나라로 끌고 간다.

인조가 열린 마음을 가졌던 맏아들 소현세자를 받아만 들였어도 조선의 운명은 달라졌을 수도 있다. 청나라와 서양 문물이라는 새로운 선진 문명을 만나 조선을 개혁하고자 하는 마음으로 용솟음쳤던 소현세자이기에 더욱 그렇다.

소현세자는 8년간의 청나라 볼모 생활을 반면교사로 삼았다. 나라의 국력을 높이려고 새로운 과학 지식을 두루 익혔으나 아버지 인조라는 옹졸한 벽에 막혀 개혁 개방의 꿈을 펼쳐보지도 못했다.

만약에, 정말 만약에 역사의 화살이 방향을 바꿔 소현세자를 왕으로 만들었다면 우리는 일본보다 더 빠르게 서양과학문명을 만나 부강한 국가가 되었을 것이다. 아울러 치욕스런 일제강점기라는 암흑기를 겪지 않았을 것이다.

2011년 8월 2일이었다. 햇살이 지글거리는 손을 내밀며 팬케이크를 바삭하게 굽는 것 같은 더위에 나는 심양 거리에 서 있었다. 오가는 사람들도 누우런 황토색 거리 풍경과 어울려 흐느적대고, 시대는 70년대로 옮겨간 듯 왁자지껄 요란스러웠다.

청태조의 심양 고궁으로 가는 길에 안쪽에 세워진 작은 사원에 들렀다. 중국은 부처에게 올리는 향香조차 거대하다. 우리나라에서 쓰는 가느다란 초록빛 향과는 달리 중국은 팔꿈치 길이의 굵은 향 한 다발로 제齊를 올린다.

무쇠 향로는 다발로 묶인 향을 태우며 진한 향내를 뿜어내고 사람들은 뿌연 연기 속에서 연신 고개를 조아리며 기원을 한다. 나는 간신히 자리가 난 나무의자에 끼어 앉아서 독한 연기로 아픈 눈을 비비다가 심양 고궁으로 발길을 돌렸다.

심양의 상징인 청나라 궁궐과 마주 본다. 옛 자취 그대로인 빛바랜 기둥과 회색빛 궁궐 외벽이 흘러간 역사 속에서 쇠잔한 숨을 쉬고 있다.

사람들을 따라서 궁궐 안으로 들어가 본다. 문턱이 아주 높다. 한 발을 들어 올리다가 중국 영화에서 보았던 관복을 입은 강시가 떠올라 웃음이 머금어졌다. 강시가 이 문턱을 만나서 두 팔을 앞으로 나란히 하고 새벽닭이 울 때까지 제 자리 걸음으로 폴짝폴짝 뛰었을 장면을 상상하니 영화가 납득이 되었다.

심양 궁궐은 청태조 누루하치가 1625년에 요양에서 심양으로 천도하면서 짓기 시작해서 2대 태종 황타이지 때 완성된 건물이다. 3대 순치제가 중국을 통일하고 북경으로 천도하기까지 심양 궁궐에서 중원을 호령했던 화려한 시대가 있었다.

쇠잔했다. 북경 자금성의 휘황찬란한 궁궐과 다르게 주류로 인정받지 못하는 아웃사이더 같은 느낌이다. 여기에 우리 조선의 세자 소현이 볼모로 끌려와서 궁궐 어느 문으로 출입했을 거라고 생각하니 마음이 먹먹해졌다.

"궁궐은 동로東路 중로中路 서로西路 세 구역으로 나뉘어져 있습니다. 소현세자가 머물렀던 조선관이 저기쯤이지요. 소현세자를 비롯하여 세자빈 강씨, 세 왕자들과 관리, 역관, 선전관, 의관 등 거의 200명에 가까운 사람들이 새로 건축한 심양관소에서 살았다고 합니다."

가이드가 가리키는 곳을 바라본다. 저 거리가 세자 소현이 눈을 반짝이며 청나라 관리와 조선에서 온 대신을 만나 정치 외교를 처리했던 곳인가. 답답한 열기 속으로 잘생긴 청년이 실루엣으로 지나간다.

한 남자가 울고 있다. 한때 원대한 꿈을 품었으나 단단한 벽에 막혀 비운의 삶을 마친 아름다운 남자 왕세자 소현이다. 독일 선교사 아담 샬과 인연이 닿아 서양 천문학과 천주교, 경이로운 서양과학문물을 만나면서 조선을 강국으로 변화시키겠다는 열린 사상을 가졌던 뛰어난 지도자였다. 서른 세 해를 마지막으로 냉담한 아버지에게 독살당한 비운의 왕세자 소현세자가 하늘을 보며 통곡한다.

소현은 이곳 심양에서 앞선 문명을 가진 청나라의 힘을 목격하고 오히려 기막힌 불행을 기회로 삼아 선진 지식을 익혀 조선을 강하게 만들려고 보고 듣고 배웠다.

청은 명을 멸망시키고 북경을 점령하면서 조선국 왕세자 소현을 풀어준다. 1645년 2월에 귀국한 소현세자는 아버지 인조의 좁은 식견에 밀려서 창경궁 환경전에서 독살을 당한다. 귀국한지 겨우 두 달이 지난 4월이었다. 이목구비에서 피가 흐르고 시신이 온통 꺼멓게 변해버린 그의 몸과 함께 조선은 광해군에 이어 다시 강대국으로 도약할 기회를 잃어버렸다.

소현의 현명한 아내 세자빈 강빈도 음모에 당해 죽었고 당시에 12살, 8살이던 경선군, 경완군 두 세손도 제주도에서 죽었다. 구사일생으로 살아났던 4살이었던 막내 경안군은 효종임금(봉림대군) 때에야 유배에서 풀려났다. 무능했던 인조가 잘난 맏아들과 아들의 가족을 죽였던 드라마처럼 슬픈 역사이다.

발해 유적지와 안중근 유적지가 있는 훈춘행 열차를 타기위해 심양역으로 간다. 아직도 태양은 중천에서 주황빛 입김이 맹렬했다. 역 마당에는 하릴없는 남자들이 배꼽을 드러낸 채 땀에 젖은 런닝셔츠 차림으로 역사 건물에 비스듬히 기대있거나 맨 땅바닥에 누워 있다.

대합실 계단 바로 앞에 둥그렇게 쌓아놓은 우리 역사 탐방 회원들의 짐 가방이 태양 빛을 받아 번쩍거렸다. 예매한 기차표를 받으러 간 여행사 가이드 대신 팀장인 내가 짐 지킴이가 되었다.

얼마 기다리지 않았는데도 시간은 아무리 잡아당겨도 나오지 않는 기다랗게 이어진 끈 같이 지루했다. 혼자 가방을 지키는 나를 보고 서너 명의 심양 중년 남자들이 어슬렁거리며 모여들더니 무표정한 얼굴로 짐 가방을 툭툭 찬다. 나는 눈에 힘을 주며 그들과 마주 보았다. 어림없지, 나 만만치 않는 한국 여자야. 남자들이 슬슬 물러난다.

드디어 출발 시간이다. 개찰구를 가로 막았던 막대기가 올라가는 순간, 우리는 마치 실체가 보이지 않는 빅브라더가 조종하고 있는 듯 뛰었다. 왜 뛰는지도 모른 채 중국 인민들과 뒤섞여 까마득히 높은 계단을 향해 뛰었다. 무거운 짐 가방을 두 손으로 안고 오르고 또 올랐다. 그도 그럴 것이 잠시라도 멈추면 뒤에서 밀려오는 사람들의 물결에 압사당할 것 같아 나도 하나의 점이 되어 달렸다.

왜 뛰었을까. 분명히 중국 정부에게 돈을 주고 예매한 침대칸 표가 내 손에 있는데 마치 누군가에게 조종이라도 당한 듯이 나는 뛰고 또 뛰었을까. 왜 저들은 미리 자유롭게 통과시켜주지 않고 긴 장대로 막아 놓았다가 출발 시간에 맞춰서 달리기를 조장하는 걸까. 경직된 사회주의 시스템을 경험한 시간이었다.

아름다운 청년 소현이여! 그대가 감탄했던 심양은 아직도 멀었다.

3

82년생과 52년생

고구려 고분벽화는 신비에 젖어

수천 년 동안 잠자고 있던 오색찬란한 보물 창고에 들어온 기분이 이럴까. 중국이 오회분5호묘 라고 지정해 놓은 현실玄室 안에 들어서니 눈부시게 아름다운 기운이 흘러넘쳤다. 세상에! 이제서야 원통하게 빼앗겼던 고구려의 뛰어난 색채 미술을 보게 되어 가슴이 발딱거렸다.

사방팔방으로 벽화 그림이 날아다닌다. 마주 본 벽면에 있던 선녀는 어느새 내 뒷벽으로 날아와서 피리를 불고, 신비를 가득 품은 청룡과 백호는 벽을 박차고 튀어 나올 것처럼 용맹하다. 여기에 길한 징조와 복을 나타내는 현무와 주작은 선인을 태우고 천상세계를 날아다닌다.

동서남북 사면 벽은 빨강 노랑 초록 까망의 현란한 물감에게 생명을 부여받고 천상의 그림인 양 채색화로 빛났다. 이렇게 저마다 따로 인듯하면서 서로 어우러진 색채가 뿜어내는 신비로움에, 어느새 나도 고구려 화가들이 표현한 피안의 세계 속으로 들어갔다.

고구려 사람들이 숭배했던 신화 속의 인물들이다. 소머리에 사람 몸을 한 농사 신(신농씨)과 불을 들고 고개를 한껏 젖히며 뒤를 보면서 날아가는 불의 신(수인씨)은 마치 고대의 마법사인 양 벽화를 더욱 환상 세계로 이끌었다.

6~7세기의 고구려 화가들은 어떤 안료를 사용해서 그림을 그렸기에 이렇게 수천 년이 지나도록 아직도 그 색깔 그대로 이다지도 아름다울까. 아마도 화가는 대왕이 잠들 고분벽화를 그리라는 명을 받고 고구려 지배층과 백성들이 보편적으로 생각하는 저 너머 죽음의 세상을 내세관을 빌어 혼신을 다해 그렸을 것이다. 그렇기에 이렇듯 태양새 삼족오를 중심축으로 전설 속의 상서로운 동물들이 벽화로 살아나 화려한 신화를 펼치고 있다.

집안 지역은 그 자체로 고구려 역사 유적 박물관이다. 현재 총 106기의 고구려 벽화고분 중에 집안과 환인 지역에 30기가 있다. 이중에서 유일하게 관광객이 묘실까지 들어가서 벽화를 볼 수 있게 개방한 고분은 오회분5호묘이다. 중국 길림성 집안현 태왕향 우산촌에 있는 오회분5호묘의 중국 측 공식 명칭은 <집안 통구고분군 우산묘구 제2105호묘>이다.

집안에서 80Km 떨어진 첫 번째 수도 환인시 오녀산성에 이어 두 번째 수도 국내성도 집안 지역에 있다. 668년에 고구려가 멸망하고 30년 뒤, 고구려인 대조영에 의해 건국된 발해도 안타깝게 926년에 무너져서 우리 영토였던 만주와 연해주 지역은 중국 영토가 되었다. 게다가 중국은 동북공정이란 논리로 광개토대왕의 나라 고구려를 중국 변방의 일개 지방 정권으로 낮춰 역사를 왜곡시켰다. 이런 논리로 고구려 황실의 묘실을 '오회분5호묘' 라고 가볍게 이름을 지었다.

현실玄室에서 이승과 저승의 경계선을 본다. 통한의 역사를 가슴에 품고 이리도 야박하게 대접받는 고구려 유적을 가련하게 바라본다. 지켜내지 못한 역사를 온 힘으로 저항했을 역사에게 묻는다. 두 나라를 멸망시킨 지도자의 권력 다툼은 예나 지금이나 같은 현상이다.

밖은 푹푹 찌는 한여름 무더위인데 현실 안은 서늘하다. 차가운 기운이 몸도 마음도 추운 나에게 다가와 스르르 감싼다. 나는 얇은 티셔츠를 목까지 여미며 벽화를 마음에 새긴다. 습기를 머금은 벽화는 이슬방울을 매달고 살아있는 것처럼 꿈틀거렸다.

화염무늬와 함께 그려놓은 연꽃과 고구려 사람들이 숭배하는 발이 셋 달린 까마귀 삼족오는 금방이라도 날아갈 듯 날개를 파닥거린다. 이슬이 조롱조롱 맺혀 보석처럼 빛나는 천장은 천제를 상징하는 황룡이 승천이라도 할 것처럼 몸을 뒤척거린다. 물기로 축축한데도 신기하게 색깔이 변하지 않았다.

고분벽화를 보며 판타지를 상상한다. 고구려 대왕은 용을 부리고 살았을 거야, 태양의 정기를 이어받은 왕이 수시로 하늘로 올라가 신을 만나러 갈 때, 먼저 삼족오를 보낸 다음 청룡을 타고 올라갔을 거야, 라는 생각이 강렬하게 일어났다. 그래서 왕이 죽으면 청룡이 용신龍神으로 다시 태어나 벽화로 환생했을 거라는 판타지 영화 같은 생각이…

고구려 대왕은 자신이 잠들 고분벽화로 좌청룡左靑龍 우백호右白虎 남주작南朱雀 북현무北玄武의 사신도四神圖를 그려 사후세계를 안전하게 지켜달라는 염원을 담았다.

거침없는 철기군사를 앞세운 전쟁의 신, 고구려는 이렇듯 피안의 세계를 사랑하는 문화 민족이었다는 사실을 벽화 예술은 증언한다. 고구려 영토를 차지한 중국은 집안 지역의 고구려 유적을 치장하여 세계문화유산으로 등재시켰다.

벽화의 마법에서 풀려나 눈을 돌려 발밑을 내려다본다. 사람들로 가득한 현실 안에 간신히 끼어 내가 디딘 곳은 황공하옵게도 왕과 왕비, 제2왕비의 관을 모셨던 관대이다. 좁은 공간에 구경하는 사람들이 득시글거려서 나도 모르게 신성한 관대 위까지 침범했다. 나까지 한몫을 했으니 참으로 부끄러웠다. 그래도 이렇게 고분벽화를 보는 영광을 누렸으니 얼마나 감사한 일인가.

아쉬운 마음을 가득 안고 환한 빛이 넘실거리는 밖으로 발걸음을 옮기는데 전실 한 구석에 또 다른 생명이 보인다. 바닥에 모인 제법 쌓여있는 고운 흙더미를 보금자리삼아 여린 싹이 자라고 있었다. 연두색이다. 손마디만한 싹조차도 신비로웠다.

벽, 그 거대한

거대한 벽이다. 사람들로 둘러쳐진 벽. 종교의 이름으로 증오를 쌓은 벽. 이럴 줄 알았다. 언젠가는 폭발할 줄 알았다. 아무리 그럴듯한 핑계를 붙여도 단연코 위그르인은 위그르인일 뿐이다.

중국이 소수 민족 관리 차원으로 수시로 봉기하는 위그르족 무슬림을 가혹하게 대할 때부터 도화선의 불은 붙여졌다. 이런 사태는 전 세계 이슬람인들의 주목을 받기에 충분하다.

아슬아슬하던 차에 위그로족과 같은 뿌리인 튀르트계 민족인 터키의 성난 시위대가 우리 한국인 관광객을 중국인 관광객으로 잘 못 오해하고 위협했다. 이에 긴장한 중국 정부는 자국 국민에게 터키 여행 주의보를 내린다.

8월의 터키 여행은 후끈후끈 달아올랐다. 아야소피아박물관으로도 불리는 성 소피아성당을 나와 톱카프궁전 광장에서 서성거렸던 그 여름,

그 오후가 나에게로 달려온다. 나무 그늘에서 오스만제국 황제 술탄의 그 휘황찬란한 궁전을 구경할 차례를 기다리며 기이한 풍경에 젖었다. 고대 도시 이스탄불이 뿜어내는 몽환적인 아름다움과 함께 살갗으로 흐르던 더위를 온전히 느끼던 날이었다.

바로 이곳에서 소란이 일어났다. 터키 시위대가 고함을 지르며 중국인으로 착각한 한국 관광객을 겁박했다. 우리 관광객은 주변에 있던 경찰에게 구조되고 긴박했던 사건은 국적을 잘못 인식한 해프닝으로 끝났다. 유명 관광지에서 '민족' 이라는 서로 다른 벽이 충돌한 사건이다.

터키 이스탄불은 참으로 아름답다. 동양과 서양이 융합한 환상적인 문명의 어울림이다. 나는 푹 빠져들어 미니스커트와 히잡이 공존하는 도시에 사랑으로 일렁이는 내 마음을 풀어놓았다.

거리를 어슬렁거리며 우리 뒤를 쫓아다니던 몸집이 두둑한 개들의 미소도 아른거린다. 심심한지 겅중거리며 따라오다가 몸이 더워지면 도로 가운데서 콸콸 흐르는 인공수로로 들어가 뛰어 놀았다. 행복해 보이는 개들의 몸짓에 사람도 덩달아 평온해졌다. 이 도시는 사람과 동물 사이에 둘러쳐진 벽이 없다. 추억의 서랍을 열어 꿈처럼 아스라한 삽화 같은 풍경을 꺼내보니 마음에 평화가 스며든다.

8월의 중국 신장新疆 우루무치의 여름은 얼마나 따가웠던가. 건조해서 땅까지 내려온 햇살에도 땀이 흐르지 않았다. 중국 시안에서 출발해서 실크로드를 숨이 가쁘게 달려온 버스에서 내리자, 소년들이 빈 패트병을 달라고 서로 손을 내밀었다. 꼭 나라 잃은 위그로족의 단면을 보는 것 같아 슬퍼졌다.

터키와 같은 튀르트계 수니파 무슬림인 신장 위그르족은 중국 한족과 언어, 종교, 풍습, 전통 등 모든 문화가 다르다.

위그르 여자들은 현대식 바지를 입어도 머리에 스카프를 쓰고, 위그르 남자들은 하얀 수실로 촘촘하게 짠 전통 사각모자 돕바를 뒷머리에 살짝 얹거나, 천으로 머리를 완전히 가리는 돕바를 정 중간에 꼭지가 위로 오도록 쓴다.

내가 만났던 위구르인들은 키가 크고 쌍꺼풀 진 커다란 눈에 오뚝한 코와 굵은 눈썹을 지닌 잘생긴 아랍계이다. 이들은 대대로 거친 실크로드 길목을 지켜왔으며 밤에는 나무침대를 대문 밖에 놓고 잠을 청한다. 여전히 자기네 언어인 위구르말을 쓰고 소통을 하지만 불행하게도 이들의 나라는 중국 신장위구르자치구에 속한다. 이런 현실이 위구르 민족을 가로막고 있는 거대하고 단단한 벽이다.

아직도 카레즈(Karez)의 컴컴하면서도 맑은 냉기가 흐르던 지하수로가 눈에 어른거린다. 카레즈는 신장위구르인의 고난을 상징하는 불굴의 유산이자 세계자연유산이다. 지하 동굴에 들어갔을 때 나를 감쌌던 상쾌하고 서늘한 공기와 좁은 수로를 따라 좔좔 흐르던 맑은 물의 합창 소리는 가히 지하 세계가 뿜어내는 완벽한 미학이었다.

투르판 지역에 터를 잡은 위구르인들은 대대로 온통 사막뿐인 척박한 땅에서 살아남기 위해 투쟁을 벌였다. 일 년 365일 중에서 겨우 손꼽을 만큼의 비가 오기에 모진 환경과 싸움을 벌였다. 그리고 이겼다.

이천 년 전 강인한 위구로인들은 일 년 내내 흰 눈을 머리에 이고 위풍당당 굽어보는 천산산맥의 눈 녹은 물을 끌어들일 기막힌 묘책을 생각해 냈다. 해마다 눈이 녹아 흐르는 3억 톤 가량의 물을 지하로 끌어들일 원대한 계획으로 그들은 지하를 파고 또 파서 생명을 낳는 샘 길을 만들었다. 5000Km의 지하수로를 거미줄처럼 만들어 놓고 천산의 생명수를 끌어들여 자식을 낳고 문명을 이룩하며 번영을 했다. 천산의 맑은 물과 내리쬐는 따가운 햇살로 키운 포도나무는 당도가 높기로 유명하다. 지금 명품으로 대접받고 있는 <카레즈포도주>는 바로 이렇게 탄생되었다.

중국은 문화가 다른 55개 소수민족을 일사분란하게 통치하기 위해 중화사상의 벽을 더 높이 쌓는다. 한결같은 마음으로 독립 시위를 벌리는 위구르인들에게서 일제강점기시대를 건너온 우리 민족의 기개가 엿보인다.

그들은 거대한 벽을 여는 열쇠를 찾을 수 있을까. 알퐁스 도데의 《마지막 수업》에 나오는 명장면 '비록 어떤 민족이 노예로 전락했을 때라도 그 언어만 확실히 지키고 있으면 자신들이 갇힌 감옥의 열쇠를 쥐고 있는 것이나 마찬가지이다' 라는 구절이 희망의 메시지가 될까. 왠지 아직도 여전히 위구르어를 쓰고 있는 위구르 민족에게서 어떤 긍정이 보인다.

뉴욕타임즈는 기사에(2018. 09. 10) "중국이 신장위구르자치구 주민 수십 만 명을 구금했다는 의혹과 함께, 트럼프 행정부는 중국에 경제 제재 부과를 검토하고 있다." 고 보도했다.

미국 국무부는 다수의 무슬림 소수민족 위구르족들이 '비밀재교육수용소' 에 수감되었다고 발표했다. 중국 당국은 수용소 구금이 '직업 훈련' 프로그램이라고 하고, 위구르인들은 수용소가 일종의 세뇌 프로그램이라고 항의했다. 한겨레신문은 이곳에 갇힌 위구르인들이 중국어, 법률, 민족 단결, 극단주의 탈피, 애국심 등을 학습하는 것으로 알려졌다고 보도했다.

'민족' 이라는 이름으로 둘러쳐진 거대한 벽이 꿈틀거린다. 한 쪽은 힘으로 막으려 하고 한 쪽은 민족 정신으로 독립하려 한다. 아멜 선생님의 말처럼 '자신들의 민족 언어' 만 확고히 지킨다면 언젠가는 단단한 벽에 틈이 생길 것이다.

고래의 고향, 울산 장생포

바다가 몸을 뒤척인다. 하얀 물거품을 허공에 흩날리며 울부짖는다. 바다는 힘찬 기상으로 생물들을 품에 거둔다.

입술을 모아 '고래'를 나지막하게 불러본다. 어느새 눈앞에 집채만 한 고래가 물결 위로 솟구치는 것 같은 환상이 펼쳐진다. 고래목에 속하는 포유동물, 사람과 같이 폐호흡을 하고, 자궁에서 태아가 자라고, 배꼽과 한 쌍의 젖꼭지가 있다는 신비한 생명체, 365일 동안 태아를 품고 유영하다가 무려 6m의 새끼를 낳는다니, 그 출산의 고통은 어떠할까. 아마도 고래가 몸을 푸는 날은 지켜보는 파도도 몸살을 앓고 철썩이느라 시퍼렇게 멍이 들었으리라.

고래의 고향, 울산 장생포를 생각한다. 고래가 즐겨 모이는 최적의 바다 환경이다. 옛적에도, 지금도 고래는 장생포를 찾는다. 고래잡이가 허용됐던 그 시절, 고래잡이 전진기지였으며 고래 해체장이 있었다. 포구의 경제는 흥했고 인심은 풍성했다. 고래는 장생포 바다에서 마음껏 뛰어 놀았다.

아득한 7천 년 전 역사의 증거인 국보 제 285호 '울산반구대암각화'를 떠올린다. 태화강 상류 대곡리 암각화에 그려진 그림에서 선사시대 사람과 고래를 본다. 사진을 통해 그 시대 사람들도 힘을 합쳐서 고래잡이배를 타고 거대한 고래를 잡으러 바다로 나아갔다는 사실을 믿는다. 또 작살을 맞은 자국이 있는 고래 뼈 사진을 바라보며, 고래를 잡으러 망망대해로 떠난 고대인들의 희생을 생각한다.

안데르센의 바다도 생각한다. 안데르센은 《인어공주》에서 "장난꾸러기 돌고래들이 재주를 넘었고, 덩치가 커다란 고래가 콧구멍으로 엄청난 물줄기를 공중으로 쏘아 올리는데, 그것은 마치 수백 개의 분수가 동시에 물을 뿜어내는 것 같다."고 표현했다.

19세기 사람 안데르센이 바다에서 만난, 고래에게 바치는 찬사이다. 어느 날 그는 고래가 망망대해에서 힘차게 헤엄치는 모습을 보았으리라. 엄청난 기세에 감탄을 하며 《인어공주》라는 주옥같은 이야기를 풀어냈으리라.

'장난꾸러기 돌고래들이 재주를 넘었다'라는 표현이 나를 따듯한 추억으로 데려간다. 추억의 끈은 1980년대 서울대공원 돌고래쇼로 이끈다. 입장객들이 지그재그로 길게 늘어선 줄 끄트머리에 지루해서 하품을 하는 두 딸이 보인다. 겨우 통과해서 중간쯤에 자리 잡고 손을 흔드는 남편도 보인다.

공중으로 솟구친 고래의 묘기에 우리 좌석까지 물이 튀었다. 차갑다고, 물을 튀겼다고 깔깔대던 시간들이 돌아와 웃는다. 뙤약볕에서 긴 줄을 서느라 힘들다고 칭얼대던 딸들의 얼굴이 환하게 빛났다.

돌고래가 사육사와 한 팀을 이루어 화려한 연기를 펼치던 장면이 생생하다. 귀여운 한 쌍의 돌고래가 물을 가르며 날렵하게 솟구칠 때마다 힘찬 박수로 화답했다. 돌고래와 함께 공유했던 시간의 조각들이 따스한 기억으로 다가와 두근거린다.

돌고래의 재롱을 보며 웃던 그 시간은 노동의 시간을 견디어냈던 시절이었다. 식구들에게 바친 노동의 시간들이 차곡차곡 쌓였다가 나들이 하면서 겨우 숨을 토해내던 시간이다.

남편과 함께 다섯 살, 네 살 연년생 두 딸을 데리고 집밖을 나왔을 때 햇살은 춤을 추고 바람도 살랑거렸다. 대공원 가는 길에 봄꽃은 하늘거리며 머리에 꽃잎을 흩뿌려 주었다. 마음이 공중을 건듯 날아오를 때 돌고래를 만났다.

돌고래에게서 희망을 보았다. 손뼉을 치며 좋아하는 딸들을 보며 '잘 키워야지. 나는 엄마니까.' 스스로 마음을 다지던 시간이 추억으로 고여 있다.

어느덧 세월에게 시간을 쌓아둔 딸들은 엄마가 되어 아이를 데리고 '돌고래쇼' 대신 '생태설명회'로 바뀐 <제돌이 이야기관>에서 돌고래를 만나고 왔다. 이제 손자들은 엄마처럼 가슴에 한가득 감동을 품고 어른이 될 것이다.

"자, 떠나자 동해바다로/ 신화처럼 숨을 쉬는 고래 잡으러…"

송창식의 노래 '고래사냥'은 언제 들어도 설렘을 안겨준다. '신화처럼 숨을 쉬는 고래' 가사는 문장에서 푸른 바닷물 소리가 들린다.

고래를 만나러, 고래의 도시 울산 장생포로 떠나야겠다는 마음이 든다. 여름에 바다를 보러… 운 좋게 고래를 만난다면…눈을 마주치러 장생포 바다로 떠나야겠다.

82년생과 52년생

아직도다. 아직도… 여성에게 씌어진 굴레는 여전히 진행형이다. 52년생 나도 그랬고 딸 뻘인 82년생 김지영도 관습에서 허덕인다. 여성으로 성장해서 결혼을 했고 결혼을 하면서 시댁이라 부르는 남자 집안에 편입 되었다. 며느리라는 이름으로 들씌어진 질서 안에서 '나'는 실종되고 '새아가'라는 이름으로 노동을 요구받았다.

적어도 '52년생 나는 그랬다. 단출한 작은집의 맏딸로 태어나 집안일이라고 해본 적이 없는 딸로 살다가, 4대가 사는 큰집으로 시집을 왔다. 애당초 대가족 살림살이를 우습게 본 나의 선택이다.

신혼여행을 다녀온 직후부터 나를 기다린 건 산더미 같은 집안일이었다. 시할아버지, 시할머니 포함 아홉 명 식구들의 일상생활을 위하여 시어머니 뒤를 쫓아 다니고 일이 더디다는 지청구도 들으면서 하루를 살아내었다. 새벽 6시부터 밤 9시까지 수북이 쌓인 생활의 찌꺼기를 씻고 빨고 새로 만들며 보냈다. 그러면서 여성이 떠안은 노동의 부당성과

'나' 라는 자아가 충돌하며 내면의 피를 흘렸다. 나는 그렇게 살았다. 아니 지금도 그렇다. 여전히 90대 시어머니를 봉양하고 30대 자식들에게 쩔쩔매는 낀 세대를 관통하는 여성이다.

'82년생 김지영' 은 왜 그런가. 아직도 50년대 여성이 짊어졌던 짐으로 휘청거리는가. 차라리 책 서두에 언급되었던 '빙의' 가 주제가 되어 스릴러로 혹은 샤머니즘으로 끌고 나갔으면 마음이 덜 아팠을 게다. 딸 또래인 김지영을 며느리로만 생각해서 추석 음식 차림을 야무지게 시키는 시어머니는 52년생 나보다 몇 살 어리다. 김지영이 빙의된 친정 엄마의 말투로 속엣말을 했을 때 책장은 긴장감으로 넘쳤다.

여성들의 어록인 '여성의 적은 여성이다' 가 떠올랐다. 우리 대한민국 여성들은 시어머니로부터 끝임없이 시집살이를 당했음에도 여전히 며느리에게 같은 관습을 고집하고 있다. 4차 산업혁명 정보화시대를 살아가는 오육십 대 나이의 시어머니도 며느리를 바라보는 관점은 여전하다. 내 딸은 고생했다고 친정에 와서 푹 쉬게 하고 같은 또래 며느리에게는 며느리 역할을 요구한다.

"사돈 어른, 요즘 젊은 애들 사는 게 다 그렇죠. 그 댁 따님이 집에 오면 저희 딸은 저희 집으로 보내주셔야죠."

빙의된 김지영 친정 엄마의 말을 통해 쏟아낸 말이 작가가 하고 싶은 말이다. 1978년생 조남주. 내 큰 딸 나이다. 작가는 작가가 겪었을 여성 문제를 자료를 제시하며 문제 제기한다. 나의 큰딸도 제2의 김지영이다. 유치원 교사인 딸은 올해도 김장을 세 번이나 했다. 우리 집, 유치원, 사돈댁 김장이다. 딸은 몸살을 앓으면서도 김장 행사를 해냈다.

"어머니, 경희 힘들어요. 김장을 세 번이나 해야 되요."

처갓집 김장을 거들어 준다고 고무장갑을 끼고 무채를 버무리던 맏사위가 한 마디 할 때야 겨우 눈치를 챘다. 딸이 비명을 지르지 않으니 그려러니 했다. 친정 엄마인 내가 무심했다. 딸에게 미안해서 김장의 고리를 끊어야겠다고 마음먹는다. 내년부터는 우리 집 김장에 오지 말라고 선언했다. 절인 배추 서른 포기만 사서 평일 날 큰딸이 출근하고 없을 때 남편과 오물조물 하리라.

130포기 김장을 하던 52년생 내가 보인다. 새벽 세 시에 부스스 떨고 일어나 두꺼운 옷으로 중무장을 하고 찬바람 부는 마당 수돗가에서 물을 받아 배추를 씻던 모습이 보인다. 시어머니와 옆집 살던 작은 시어머니까지 함께 씻으면 새벽빛이 희미하게 밝아왔다. 바람은 떠나지 않고 마당을 쓸고 고무장갑 낀 손은 감각이 없이 꽁꽁 얼었다. 해마다 치르던 연례행사였다.

나도 성실한 김지영처럼 마음 속 말을 토해내지 못 하고 왜 꼭두새벽에 배추를 씻어야만 하냐고 웅얼거렸다. 시집간 딸을 아끼는 김지영의 시어머니처럼 나의 시어머니도 시집간 딸에게 다 버무려 김치 통에 넣은 김치를 가져가게 했다. 딸이 힘들다는 이유였다. 나도 그랬다. 친정에 가면 집에 왔다는 이유로 빈둥거리며 올케가 차려주는 밥을 먹었다. 결혼은 시누이 올케라는 계급장을 단 순간부터 신분이 바뀐다. 딸도 시집에 가면 똑같이 겪게 된다. 시어머니는 이런 딸을 아파한 것뿐이다.

책은 2015년 가을을 현재형으로 1982년부터 과거로 회귀해서 다시 2015년 현재로 돌아온다. 그 단락에는 현재를 사는 여성들의 녹녹치 않은 삶이 들어있다. 52년생 나는 결혼과 함께 잘 다니던 중견 기업인 제약회사에 사표를 냈다. 추호의 망설임도 없었다. 그 시대에는 결혼을 하면 집에 들어앉아 살림을 하는 '당연성'이 보편화 되어있었기 때문이다.

이 시대, 82년생 김지영들은 축적된 재능으로 직장에서 인정을 받고

승진을 꿈꾸나 육아가 발목을 잡는다. 버티고 버텨 보다가 다른 대안이 없어 잘 다니던 직장을 그만두어야 하는 상실감은 심각한 우울증까지 동반한다. 여기에 작가는 사회 문제로 대두된 여성 혐오를 곁들여서 1500원짜리 커피조차 눈치를 보며 마셔야 하는 현실을 꼬집는다.

작가는 실제 자료를 근거로 이 시대를 살아가는 김지영들에게, 혹은 남성들에게 묻는다. 엄마가 되었기에 직장을 포기하고 기자가 되고 싶은 꿈도 포기한 지영이를 들이대며 어떻게 생각하느냐고 당차게 묻는다,

나는 시중에서 잘 팔리는 이 소설이 반갑다. 《82년생 김지영》을 읽으면서 대한민국 여성, 그녀 김지영들을 이해하려는 움직임이 나오기를 기대한다. 육아라는 족쇄로 쩔쩔매다가 출산을 포기하는 세대이다. 유능한 여성 인재를 활용 못하는 정부는 저출산 해결 문제로 이 책을 활용해야 한다. 아직도 52년생 나의 시대를 82년생 김지영이 겪고 있다는 생각에 가련한 마음이 가득하다.

그래도 뵙고는 가야지

오늘 어머니가 세상을 떠났다. 아니 어쩌면 어제였는지 모른다. 나는 양로원으로부터 전보를 받았다.

《이방인》첫 장에 나오는 구절이다. 주인공 뫼르소는 양로원에서 사망한 어머니의 마지막 모습을 보라는 관리인의 말을 거절한다. 이유는 "글쎄, 모르겠습니다." 이다. 그는 장지로 가기 전에 두 번째로 권유했던 원장의 말도 거절한다. 관 뚜껑을 닫기 전에 어머니를 뵈라는 말에 "싫습니다." 로 대답한다.

싫다니! 하나뿐인 자식이 어머니에게 작별 인사를 안 하다니… 하기는 어머니 나이도 모르는 자식이다.

카뮈는 무슨 말을 하려고 매정한 성격의 뫼르소를 등장시켰나, 책에 코를 빠트리고 있는데 지난여름에 저세상으로 가신 작은오라버니 얼굴이 떠올라 먹먹해졌다.

입관식에서 마지막 인사를 하려고 가족들이 한 줄로 늘어서 있던 순간이 책장에 내려와 앉는다. 일흔한 살, 다른 세상으로 옮겨가기에는 너무나 황망한 나이이다. 100세 장수시대에 "그래도 그만하면 잘 살았어." 할 정도는 되어야 하는데 겨우 칠십하고도 한 살이라니… 눈을 꼭 감은 망자의 얼굴이 애달파서 울음을 삼켰다.

훤칠하게 잘생긴 작은오라버니는 당뇨 수치가 높아 아슬아슬했다. 아니 육십 중반에 이혼한 것이 탈일 게다. 곁에서 잔소리하며 챙겨주던 작은올케가 있으면 아직도 이승을 활보하며 활달한 웃음을 날릴 게 아닌가. 가정이 쪼개지니 자식들은 엄마 곁으로 가고 가진 재산 다 주고 나와 방 한 칸 얻어 혼자 끓여먹고 살았다.

남자 혼자 살림이 오죽하랴. 요리에 관심 있는 것도 아니고, 살려면 먹어야지 하고 아득바득 자기 몸 챙기는 타입도 아니다. 여기에 술과 담배를 벗 삼아 끼고 살았으니 몸도 비명을 질렀을 거다. 장미꽃 화사한 계절에 전혀 생각지도 않은 부고 소식이 날아왔다. 시공간에서 서성이던 죽음의 사신이 검은 손으로 작은오라버니를 낚아챈 것이다.

장례식장에서 영정 사진을 보며 훌쩍이다가 조카들을 위로하며 작은올케를 찾았다. 작은올케는 시댁붙이들 눈치 보느라 나오지 못 하고 방에 있었다. 문을 열고 들어가 와락 손을 잡았다.

"오랜만이유. 여기서 뭐하우. 나와서 왔다 갔다 해요."

작은오라버니도 이런 풍경을 원할 것 같았다. 시댁붙이 대표주자로 올케에게 손을 내밀었다.

삶도 죽음 앞에서는 이리도 무력한 것을… 하루를 낭창낭창 휘어지다가 바로 서서 시간과 함께 종종거리다가, 까맣게 잊었던 저승사자가 검은 웃음 지으면 속절없이 다른 세상으로 옮겨가는 것을… 너희는 잘 먹고 아빠만 내버려두어서 이리 되었느니 마느니 시비를 가리는 것도 부질없다. 잘 보내드려야 한다. 그래야만 선한 웃음으로 장례를 바라보는 작은오라버니도 영정 사진 속에서 "애썼다, 잘했어." 하고 편하게 가실 것 같았다.

큰올케, 막내올케, 여동생, 사촌여동생, 막내오라버니, 남편까지 시월드로 뭉친 가족이 음식상에 둘러앉아, 형제 항렬 중에서 먼저 간 것에 상처를 받고 애석해 있을 때, 작은올케가 서먹하게 인사를 하러 왔다. 이혼으로 친족의 테두리 밖으로 밀려난 그녀에게 모두들 고개를 끄덕이며 굳은 얼굴로 안부를 묻는다. 신고식을 치른 작은올케는 한결 개운해진 얼굴로 작은오라버니의 자식이기도 한 두 딸과 사위들, 막내아들 며느리를 이끌고 문상객을 맞이한다.

'산 사람은 살아야지' 하는 일상의 논리가 작동하면서 작은오라버니의 장례절차는 그렇게 흘러갔다. 장례의식이 끝나고 절차에 따라 조카는 4번 번호표를 받아 화장을 하고 유골함을 납골당에 안치했다.

뫼르소는 태양이 대지를 짓누르는 벌판을 걸어 성당 묘지에 어머니를 묻었다.

"그래도 뵙고는 가야지."

곁에 있다면 주인공 뫼르소에게 강하게 재촉하겠다. 강제로 손을 잡아 끌고서라도, 낳아주신 어머니에 대한 예의이며 도리라고 등을 떠밀겠다.

한편으로는 뫼르소가 자기 나름대로 작별 의식을 치루는 중이라는 생각도 든다. 장례식 치룬 다음날 여자 친구 마리와 해수욕장에서 즐겁게 지내고 사랑을 나누는 행위도 실상 따지고 보면 어머니에게 이별을 고하는 행위일지도 모른다. 자식이 이렇게 멀쩡히 살아가고 있으니 걱정 마시라는, 그런… 이렇게라도 슬퍼하지 않는 뫼르소를 이해하고 싶다.

그는 사회 현상에 애착도 욕심도 없는 청년이다. 승진에 대한 욕망도 없어 파리 지사로 가지 않겠느냐는 사장의 제안도 의미가 없다고 거절한다.

"그렇기는 하지만 결국 이러나저러나 내게는 마찬가지지요. 사람이란 결코 생활을 변화시킬 수 없으며 어쨌든 모든 생활은 다 거기서 거기고 또 여기서의 내 생활이 전혀 마음에 들지 않는 바가 아니지요." 뫼르소의 이 말은 그가 추구하는 삶의 방식이다. 심지어는 여자 친구 마리가 '자기를 사랑하느냐' 는 애정 확인에도 '아무런 의미도 없는 말이지만 굳이 말해야 한다면 아마도 사랑하지 않는 것 같아.' 라고 면전에서 말한다. 그런 생각으로 어머니의 장례 절차도 어느 일상의 하루처럼 마음 흘러가는 대로 치렀을 뿐이다.

그래도 유명을 달리한 어머니에게 마지막 작별인사는 해야 했다. 그렇다면 나의 이런 사고는 뫼르소를 재판한 담당 검사와 같지 아니한가. 뫼르소의 행위는 인간이 행하여야 할 최소한의 노력, 즉 보편적이고 타당한 관습과 도덕에 어긋난다는 생각 말이다.

뫼르소는 깊게 사귀지 말아야할 옆방 사는 불량 친구 레이몽의 초대로 떠난 해변가 별장 여행에서 싸움에 휘말린다. 레이몽을 다치게 한 아랍인을 권총으로 사살한 것이다. 그것도 한 발이 아닌 네 발씩이나 쏘았다. 그러면서 '자신이 불행의 문을 두드린 네 번의 날카로운 노크 소리 같다' 고 술회했다.

또 재판정에서는 '바닷가에 내리쬐는 태양이 너무나 눈부셔서 사람을 죽였다' 고 증언했으니 얼마나 난해한 인물인가.

그는 뒤늦게 재판 과정에서 자신이 처한 부조리한 상황과 함께 견고한 사회 인식의 벽을 느낀다. 뫼르소는 검사와 배심원들 의식에 '배은망덕한 아들이자 냉혹한 살인범' 으로 규정되어서 결국 사형선고를 받는다.

뫼르소는 자신의 불효한 행위를 결부시켜서 사형 판결을 내린 사실에

심한 부조리를 깨달으며 어머니의 죽음을 슬퍼하지 않는 것과 살인죄를 동일시한 판결은 폭력적인 불합리라고 맞선다. 결국 뫼르소는 최후의 순간까지 거짓으로 자비를 구하는 대신 부조리에 대해 침묵으로 반항을 하며 죽음을 받아들인다.

카뮈는 《이방인》의 뫼르소를 통하여 삶과 죽음을 판결할 저울을 거부하고 부조리를 이기고자 하는 '반항하는 삶' 이야 말로 가치 있는 삶이라고 말한다. 어머니의 죽음에서부터 살인을 저지른 시간까지를 제1부로, 재판과정에서 부조리를 겪으며 분개하는 시간들을 제 2부로 묶으며 뫼르소를 무관심에서 벗어나 사회 의식이 강한 청년으로 만들었다.

그러나 나는 끝까지 '그래도 뵙고는 가야지' 에 사로잡힌다. '도덕' 이라는 단단한 껍질에 갇혀 스스로를 옭아매고 있는 나를 응시한다.

"그처럼 죽음 가까이에서 어머니는 해방감을 느꼈고 모든 것을 다시 살아볼 준비를 했던 게 틀림없다. 누구도, 그 누구도 어머니의 죽음에 대해서 눈물을 흘릴 권리가 없다. 나 또한 모든 것을 다시 살아 볼 수 있을 것처럼 느껴졌다."

뫼르소의 독백처럼 작은오라버니도 죽음 가까이에서 해방을 느꼈을까. 한갓 구름 같은 세상과 이별하며 삶에게 고개를 주억거렸을까.

아직도 슬프다.
나는.

목소리 소설의 강렬한 울림

여자들의 목소리로 여자들의 전쟁을 이야기한 '목소리 소설'《전쟁은 여자의 얼굴을 하지 않았다》가 준 충격은 가히 해일처럼 밀려오는 쓰나미이다. 첫 장을 넘기면서부터 마지막 장을 덮을 때까지 제2차 세계대전에 참전했던 구소련 여성 200여 명의 증언은 참혹 그 자체이다. 어떤 이념이 이 새파란 소녀들에게 자발적인 충성심으로 전쟁터에 걸어가게 만들었을까.

"옆집 아저씨가 부상당했다면, 아저씨 대신 누가 싸우지? 어떤 사람은 팔 없이 전쟁터에서 돌아왔어. 그럼 그 사람 대신 누가 싸워? 그래서 군대에 나를 받아달라는 편지를 썼어. 부탁하고 사정했어. 우리는 우리가 없는 조국은 있을 수 없다고 배우며 자랐으니까. 조국을 사랑하라고 배웠으니까. 조국을 자랑스러워하도록. 전쟁이 터졌으니 우리도 조국을 위해 뭔가 해야 했어. 간호병이 필요하다면 간호병으로 가고 고사포 병사가 필요하다면 고사포 병사로 가서 싸워야 했어."

작가가 녹음한 목소리의 증언이다. 바로 이러한 맹목적인 애국심으로 열여섯, 열일곱의 어린 소녀들은 군 당국이 어리다고 집으로 돌아가라고 거절을 해도 막무가내로 전쟁터로 들어간다. 겨우 10대 후반의 소녀들이 치마와 구두 대신 치수도 맞지 않은 남자들의 군복과 군화로 제2차 세계대전을 남자와 똑같이 치러냈다.

1941년 6월 히틀러는 150여 개 사단 300만 명으로 구성된 병력과 신식 무기를 앞세우고 소련을 대대적으로 공격했다. 그 당시 독일보다 2~3배나 많은 탱크와 항공기를 가진 소련이었으나 대부분 구식 장비였다. 결국 소련은 힘도 써보지 못하고 모스크바 인근까지 내어 주었다. 이에 소련은 영국과 미국의 원조를 받으며 독일군이 점령하고 지나간 지역을 봉쇄한다. 독일의 공격이 예상되는 지역에 있는 다리와 철도를 파괴하고, 식량을 불태우는 등 독일군의 진격을 완강하게 저지했다. 그러는 동안 겨울이 다가왔고, 겨울 군복을 지급 받지 못한 독일군은 혹독한 추위와 배고픔으로 전의를 상실한다. 결국 독일은 모스크바 공격을 포기하고, 석유를 확보하기 위해 방향을 바꿔 스탈린그라드를 목표로 다시 진격한다. 독일은 이곳에서도 소련의 반격을 받아 고립될 위기에 처했고, 결국 소련 점령을 포기한 채 철수하기 시작했다.

바로 1941년, 전쟁이 난 이 해에 백만 명이 넘는 구 소련 소녀들은 나라를 구하러 기꺼이 전쟁터로 뛰어들었다. 그녀들은 위생사관, 정찰병, 제빵병, 사병, 보병, 저격수, 물품보급병, 비행사, 전차대대, 위생사관, 통신병, 의사, 의사보조, 간호병, 빨치산 연락병, 빨치산 병사 등의 병과를 얻어 남자들과 동등하게 전쟁을 치러냈다. 똑같이 굶주리고 똑같이 죽음과 대면했다. 그러나 죽음을 응시하는 시선은 남자 병사와 여자 병사가 다르다.

“기어 다니며 부상자들을 돌보는데 다리가 거의 절단된 병사가 보이더라고. 그 병사가 의식을 잃어가는 와중에도 나를 밀쳐내고는 자기 배낭 안에 손부터 집어넣는 거야. 남자들은 배고픈 걸 유난히도 힘들어 했어. 남자한테는 어쩌면 배고픈 게 죽음보다 더 두려운 존재였는지도 몰라.”

“마지막까지 나를 두렵게 한 건 딱 하나였어. 흉측한 꼴로 누워있는 것. 그건 여자이기에 갖는 공포였지. 제발 포탄에 맞아 갈가리 찢기는 일만 없기를 바랬어…”

“한번은 벨라루스… 오르샤의 숲이었는데 자그마한 벚나무들이 예쁘게 꽃을 피었더라고. 아네모네도 연푸른 빛깔로 곱게 피어있고. 아! 이런 꽃밭에서 죽었으면! 이런 곳에 누울 수 있다면… 그때 겨우 열일곱이었으니 뭘 알아. 그저 철부지였지…내가 상상하는 죽음이란 그랬어.”

348쪽을 펼치면 검은 활자가 굳게 다문 입을 벌리며 여자 병사의 목소리로 생생하게 증언을 한다. 류보피 이바노브나 오스몰롭스카야 사병의 목소리는 팔뚝에 소름을 돋게 하며 포연이 자욱한 전장으로 이끈다.

목소리 소설에 영화 <바르샤바 1944>의 여주인공 알라의 청순한 모습이 겹쳐진다. 찰랑거리는 긴 머리에 파란 원피스를 나풀대며 불타는 애국심 하나로 폴란드 시민 저항군에 들어간 그녀이다. 소총 한 자루로 나치 독일에 맞선 알라를 보며 소련 소녀들도 이렇게 싱그러운 모습으로 전쟁과 대면했겠구나 하는 생각에 젖었다. 전쟁 한복판으로 들어간 풋풋한 소녀들이 알라의 얼굴을 하며 내 가슴에 안긴다.

폭약 차 폭발로 대량의 피와 살점이 비처럼 내리는 장면에서는 얼굴을 두 손으로 가리고 손가락 사이로 실눈을 떴다. 피범벅을 뒤집어쓴 채 기진맥진한 남자 주인공 스테판을 안고 절망에 빠진 알라와, 포탄에 맞아 죽어가는 병사 곁에서 혼이 빠진 소련 여자 병사가 겹쳐 보였다. 서로 다른 나라 소설과 영상의 만남이지만 두 역사가 제2차 세계대전 폭풍 속에서 일어났기에 직선으로 만난다. 실화를 바탕으로 구성하였기에 메아리가 골짜기에서 골짜기를 타고 끊임없이 되돌아온다.

폴란드는 제2차 세계대전으로 동부지역은 소련에게, 서부지역은 독일에게 나뉘고 점령되어 통치를 받았다. 나치 독일은 폴란드 땅에 악명 높은 강제 노동 및 대량 학살을 위하여 수용소를 만들었다.

1944년 7월, 소련군 선봉은 폴란드 수도 바르샤바 인근까지 진격한다. 이 소식을 들은 바르샤바 거주 군인 출신과 젊은이들은 독일이 점령한 도시를 되찾으려 봉기한다. 이날이 역사적인 8월 1일이다. 수많은 시민들도 가세하면서 독일군에게 타격을 주었다.

그러나 폴란드를 위성 국가로 만들려는 스탈린의 야심으로 도와주어야할 소련이 핑계를 대며 진격을 멈춘다. 심지어 영국 정부가 바르샤바 저항군에게 물자를 보급하려고 수송기가 소련 공항 경유를 요청했으나 이마저도 거절한다. 결국 바르샤바 저항군은 두 달 이상을 자력으로 항전하다가 화력 열세와 물자 부족으로 항복하고 만다. 나치 독일은 63일 동안 저항군과 시민들을 무자비하게 학살했다. 폴란드 시민을 무려 24만 명이나 죽이고 63만 명은 아우슈비츠 수용소로 보내서 학살했다.

바로 이 참상을 폴란드 감독 얀 코마사가 영상으로 그려냈다. 폴란드인의 눈으로 폴란드가 겪은 전쟁을 증언한 영화가 <바르샤바 1944>이다. −1944년, 독일에 점령된 폴란드, 그들의 여름은 여전히 아름다웠다. − 세 명의 청춘 남녀 배우들이 싱그럽게 웃고 있는 영화 포스터 부제가 구슬프게 아름답다. 전쟁과 청춘… 전쟁과 사랑… 아비규환 속에도 사랑은 꽃피고 새빨간 피처럼 스러져가는 목숨이다. 군복 대신 원피스에 구두를 신고 핸드백 대신 소총을 어깨에 멘 처녀들의 투쟁이 전쟁과 맞물려 잔혹한 시간을 덧칠하고 있다. 남자 주인공 스테판은 초콜릿 공장에서 일하며 생계를 꾸려나간다. 어머니와 어린 남동생을 집에 두고 반나치 저항군에 합류하면서 알리를 만나 사랑에 빠진다. 끝이 보이지 않는 절망에도 사랑은 꽃핀다.

무기가 없어 겨우 소총 한 자루씩만 지급받은 저항군은 박격포로 무장한 독일군과 용감하게 싸운다. 스테판은 나치들이 자기 집 주변을 점령했다는 소식을 듣고 집으로 향하다가 끌려나온 시민들과 함께 권총으로 사살 당하는 어머니와 동생을 목격한다. 숨어서 지켜보는 스테판과 눈이 마주친 어머니는 죽어가면서도 꿈쩍 말라고 눈빛으로 말한다. 정신을 잃은 스테판과 사람을 죽이는 총소리 울림이 다른 세상 같이 처절했다. 실화를 바탕으로 바르샤바 시민들의 잔혹사를 영상으로 표현했기에 더욱 가슴이 아리다. 한 국가가 다른 국가 사람들을 죽이는 괴물 같은 전쟁이다. 폴란드 국민 600만 명 이상을 삼켜버렸다.

스베틀라나 알렉시예비치는 저서 《전쟁은 여자의 얼굴을 하지 않았다》에서 전쟁조차도 여자와 남자가 겪는 양상이 다르다고 말한다. 남자들은 전쟁에서 거둔 승리와 영웅담을 이야기하지만 여자들은 처음 사람을 죽였을 때의 절망감이나 생지옥의 공포를 회상한다. 치열한 전투가 끝나면 사람이 사람 같지 않다는 게 또 다른 끔찍함이라고 말한다. 나무조차도 못 쳐다보고, 서로의 시선을 피하는 심리까지 세밀하게 묘사한다. 그 모진 전쟁으로 머리가 하얗게 세어 버렸거나, 첫 생리가 터져 나왔거나, 생리대가 없어서 모래 위로 붉은 자국을 남긴 채 행군하는 여자 병사들의 모습은 가히 충격적이다.

전쟁이 끝나자 남자들은 승리의 기쁨을 누렸지만 여자들은 주변의 시선과 자신의 상처로 입을 닫았다. 심지어 천만다행으로 집에 돌아온 딸에게 집을 떠나줄 것을 요구하는 어머니도 있다. 국가를 위해 싸운 참전 여성들은 전쟁이 끝나고도 또 하나의 전쟁을 치러야 했다.

작가는 바로 이러한 사실에 주목을 했다. 남자의 목소리로 들려주는 남자의 전쟁이 아닌 여자의 색깔과 냄새, 여자만의 해석과 여자만이 느끼는 공간을 목소리로 담아내기 시작했다.

조개처럼 입을 굳게 다물었던 그녀들은 수십 년이 지나 할머니가 되었다. 작가는 그 시대를 불러내어 집요하게 추적했고 수백 명의 살아남은 사람에게 인터뷰를 요청했다. 여러 번 거절했던 그녀들은 마침내 마음을 열고 목소리를 내기 시작했다. 이 소설은 이렇게 세상에 나온 다큐멘터리 산문이다. 전쟁의 민낯에 생생하게 접근한 영혼의 글이다.

1940년대 같은 시기에 우리나라 10대 소녀들도 '위안부' 라는 이름으로 전쟁터로 끌려갔다. 나라를 빼앗겼던 치욕스러운 시대였다. 구 소련 소녀들과 다른 점은 한 쪽은 애국심에 불타서 자발적으로 걸어 들어갔고, 한 쪽은 총칼의 위협 앞에 강제로 끌려갔다는 점이다. 소녀들은 전쟁의 폭력 앞에 무방비로 인권을 유린당하고 내동댕이쳐졌으며, 전쟁이 끝난 지금도 여전히 힘겨운 전쟁을 치루고 있다.

힘이 약한 국가는 주권을 빼앗기고 백성을 지켜주지 못한다. 강제로 전쟁터나 징용으로 끌려가야만 했던 그 가혹한 일제시대에, 부모 곁을 떠나서 모진 고초를 겪어내야만 했던 위안부라고 불리었던 숭고한 여성들이 있다. 전 세계에게 참상을 증언하러 용기를 내어 세상으로 나온 위안부 피해 할머니들을 우리는 '위대한 여성' 이라고 부른다.

이 시대의 역사는 아직도 진행형이다. 전쟁범죄국가 일본은 아직도 사죄하지 않았다. 1970년 12월 7일 서독 수상 빌리 브란트는 아우슈비츠 위령비 앞에서 제2차 세계대전에서 나치에 의해 희생된 홀로코스트 피해자들에게 독일 국가를 대표해 무릎 꿇고 사죄했다. 또 2017년 9월 11일 전 독일총리 게르하르트 슈뢰더는 위안부 할머니들이 사는 '나눔의 집' 을 방문하여 '전쟁이라는 참혹한 역사의 희생자들과 만나게 되어서 가슴이 아프다' 고 눈물을 흘리면서, 아직도 반성과 사과를 안 하는 일본의 무지한 태도를 비판했다. 독일은 기회가 있을 때 마다 전 세계를 향해 가해국으로서 반성하고 사죄하기에 신뢰받는 국가가 되었다.

2015년 8월 12일 전 일본총리 하토야마 유키오는 서대문형무소를 방문하여 추모비 앞에서 무릎을 꿇고 사죄를 했다. 이제는 현 일본총리 아베 신조 차례이다. 진심을 다해 위안부 할머니들 앞에 무릎을 꿇는다면 역사는 또 한 번의 아름다운 참회를 지켜볼 것이다. 아울러 불신 국가의 오명을 벗고 신뢰 국가로 인정받을 것이다.

정부에 등록된 일본군 위안부 피해자 239명 중에 현재 생존자는 23명이다. 평균 나이 91세인 할머니들의 남은 시간이 천근같다. 동시대를 혹독하게 살아내었던 세 나라의 여자들… 처절한 지옥도를 자발적이거나, 끌려갔거나, 살아남아서 증언을 한 용감한 할머니들이다.

목소리 소설을 읽고 나는 여자들이 겪은 전쟁을 주목한다. 스스로 기획 저술한 전쟁 증언 소설, 《전쟁은 여자의 얼굴을 하지 않았다》는 2015년에 노벨문학상을 수상했다. '겪어낸 자들의 목소리 소설' 이 그 묵직한 울림으로 세계 문학사에 새로운 장르 탄생의 소설로 우리에게 다가왔다.

제국의 전쟁

벽돌 두께의 책과 만나면 슬그머니 정복욕이 솟아오른다. 책이 말해줄 '무엇' 에 설레고, 작가가 쏟은 땀방울의 궤적을 따라가고 싶어서 이다. 책 제목이 내가 익히 알고 있던, 혹은 알고 싶었거나, 가 보았던 장소에 연관이 있으면 책의 속살을 보고 싶어 조바심도 일어난다.

《다시 쓰는 술탄과 황제》, 이 책도 그랬다. 술탄 메흐메드 2세가 꽃 한 송이 손에 들고 향기를 맡는 책 겉표지에 단박에 마음이 끌렸다. 터번을 쓴 영민한 술탄의 모습에서 몇 해 전에 가 본 터키 이스탄불의 풍경이 딸려 나왔고 처연한 아잔소리도 귓가를 울렸다. 작가가 국회의장을 지냈던 김형오라니! 정치인이 풀어낸 역사소설은 어떠한지 호기심도 피어올랐다.

역사를 채집하여 소설로 엮어내는 일은 엄청난 에너지가 필요한 작업이다. 역사 소설은 정사正史에 적힌 '사실' 과 작가의 호기심이 만나면서 신화로 되살아난다. 지적 욕구가 풀릴 때까지 찾아간 현장 답사와 관계

도서 연구와 관련 학자들을 만나서 쓰여진 작가의 결실이다. 놀랍게도 전 편 《술탄과 황제》는 38쇄나 팔렸다. 이에 힘을 얻은 작가는 다시 보충하여 전면 개정판 《다시 쓰는 술탄과 황제》를 출간했다.

작가 덕분에 나는 '1453년 콘스탄티노플 함락전쟁' 내막을 속속들이 알게 되었다. 비잔티움 최후의 황제 콘스탄티누스 11세와 불세출의 스물한 살 청년 오스만제국 술탄 메흐메드 2세의 격돌이 문장으로 일어서면서 내 손을 잡아끌고 대포 연기 가득한 전쟁터로 이끌었다.

돋보기를 쓴 눈이 흐릿해지며 슴벅슴벅해져서 두 손가락으로 관자놀이를 누를 때까지 빠져들었다. 이럴 때는 진한 아메리카노 커피 향이 현실로 돌아오게 하는 통로이다. 나에게 책을 읽을 때나, 글을 쓸 때 두 스푼 수북하게 넣은 쓴 커피는 문장을 불러 모으는 경건한 의식이다. 커피를 마시면서 책이 토해내는 소리를 들으며 마음을 저 깊은 바닥으로 가라앉힌다. 내가 사랑하는 여러 가지 중 하나이다.

책 읽는 중간 중간 나는 열흘 일정으로 터키에서 한가롭게 거닐었던 이스탄불을 떠올렸다. 허물어진 성벽, 저문 하늘을 향해 새떼가 날아가던 블루 모스크, 톱카프 궁전, 아야 소피아, 보르포르스 해협, 광장에 우뚝 선 오벨리스크 그리고 그랜드 바자르… 가 손짓하며 나에게로 왔다.

뙤약볕이 땅까지 내려와 후끈거리던 날이었다. 하기아 소피아 (Hagia sophia)성당을 나와 톱카프 궁전 광장에서 서성거렸던 시간 속에 내가 있었다. 하기아 소피아 성당은 콘스탄티노플 함락 이후 모스크로 개조되면서 터키 식 명칭으로 '아야소피아 (Ayasofya) 라고 부른다. 전쟁에서 이긴 승자의 특권이다. 그래도 술탄 메흐메드 2세의 자비아래 파괴되지 않고 잘 보존되어 오늘날 박물관으로 개방되었으니 얼마나 다행인가. 두 문명이 환상적으로 뒤섞인 비잔틴제국 성당 양식과 오스만제국 이슬람

사원 양식에 가슴이 뛰었다.

성당 안에서 찍은 사진을 다시 보려고 스마트폰을 열어 갤러리를 눌렀더니 잠자고 있던 터키 여행 사진들이 와르르 일어나 춤을 춘다. 사진이 추억이라는 조각들을 데려와 시간 여행으로 데려가 주었다. 확확 찌던 그날의 더위도, 달팽이 모양 터키 팽이를 팔던 앳된 소년도, 언제 들어도 마음이 축축해지는 베사메무쵸를 기타로 연주하며 골목길 투어를 따라오던 남자 악사의 하늘거리던 웃음도 안겨주었다. 깎아달라는 말과 손짓에 호르르틱 하며 손사래 치던 터키 할머니의 얼굴도 끼어들었다. 김형오가 이끄는 세기의 전쟁이야기에 사진이 스며들며 나는 그리움에 찰랑거렸다.

동서양이 융합된 환상 도시 이스탄불의 매력은 떡메로 치는 찹쌀 인절미처럼 차지게 내 가슴에 박혀있다. 미니스커트와 히잡이 공존하는 거리는 얼마나 사랑스러운지… 자그마한 꽃이 오종종하게 장식된 머리띠를 히잡에 얹어 멋을 부린 젊은 여성들의 모습에서 꽃향기가 풍겼다. 사람들로 북적이는 거리에 주체 못하는 사랑으로 일렁거리는 마음을 풀어놓으며 마음껏 기웃거리며 터키 문화를 즐겼다. 아이스크림 하나 사먹기를, 긴 막대기를 빙빙 돌리는 청년의 묘기가 끝나고서야 겨우 손에 쥔, 터키 아이스크림 돈두르마의 쫀득한 맛에도 홀딱 빠졌다.

뜨겁게 내리쬐는 햇살을 피해 나무가 내어준 그늘에서 오스만제국 술탄 메흐메드 2세가 건립한 톱카프 궁전을 구경하려고 순서를 기다렸던 시간의 흐름도 딸려 나왔다. 전 세계 관광객으로 북적이는 광장에서 고대 도시가 뿜어내는 기이한 아름다움에 홀려 나른해했던 내가 보인다. 공기는 햇살에 따끈하게 데워져서 너울거리고 이슬람식 문화가 안겨 주는 이국적인 풍경에 취한 듯 몽롱해졌다.

톱카프 궁전 옆으로 돌아가면 제국의 전쟁에서 싸웠던 녹슨 대포가 해협을 바라보며 놓여 있다. 보스포루스 해협과 다르다넬스 해협을 연결하는 마르마라 해와 금각만金角灣이 아슥하게 보였다. 톱카프 궁전을 '대포문' 이라고 부르는 이유가 여기에 있었다.

《다시 쓰는 술탄과 황제》는 제국이 함락당한 1453년 5월 29일부터 운명의 6월 1일 금요일, 술탄 정복 이후 재편 과정까지의 사태를 1부로 잡고 시작한다. 2부는 '황제의 일기와 술탄의 비망록' 이라는 주제로 역사적인 날짜인 1453년 4월 2일을 통일하여 황제시점과 술탄시점으로 번갈아가며 흐름을 이어간다.

<1453년 4월 2일(화)> '부활절 다음날, 월요일 적들이 왔다.' 라고 쓴 황제의 일기와 <이슬람력 857년 3월 22일> '시작은 미약하였다.' 로 시작하는 술탄의 비망록으로, 주인공들이 번갈아가며 같은 날 다른 사유로 마주친다. 두 영웅의 강렬한 감정이 책장을 넘길 때마다 전쟁으로 어지럽다.

54일 동안의 치열한 전투가 황제와 술탄의 입을 통해 불을 뿜었다. 마흔여덟 살 비잔티움 제국 황제 콘스타니누스 11세와 스물한 살 오스만 제국의 젊은 술탄 메흐메드 2세가 겨룬, 지키려는 자와 빼앗으려 하는 자의 지략과 고뇌와 전략이 행간에서 대포소리로 비명을 질렀다.

황제는 금각만 수면에 부유목을 띄어 잠길 듯 말 듯 하게 굵은 쇠사슬을 연결했다. 육지 사이에 끼여 동시에 두 바다를 연결하는 좁은 수역을 이용한 전략이다. 고리 중간 중간에 일정한 간격을 두고 통나무를 박아 큰 배가 드나들지 못하게 막았으니 술탄의 배는 속절없이 해상 진입이 봉쇄된다.

이때 젊은 술탄은 기상천외한 전법을 쓴다. 막힌 바닷길 대신 함선 전부를 이끌고 산을 넘었다. 갈라타 언덕을 넘어 금각만으로 진입하는 발상으로 해상 주도권을 움켜쥐었다. 세계사에 기록된 이 전법으로 전세는 역전되었다. 육지와 바다에 걸쳐 콘스탄티노플은 술탄에게 포위되고 결국 황제는 패배한다. 난공불락 철옹성이 오스만의 깃발 아래 무너졌다. 오늘날 터키가 이슬람 국가가 된 계기이다.

비잔티움의 수도였던 콘스탄티노플은 오스만의 수도로 재탄생하면서 이스탄불이 되었다. 이때 그리스 정교의 성지였던 하기아 소피아 성당도 아야 소피아 이슬람 모스크로 바뀌었다. 문화 상대주의 관용을 품은 현명한 술탄이다. 작가의 표현대로 '정복은 단절이 아닌 계승이고 융합이다.' 라는 정신을 지닌 술탄 메흐메드 2세는 소피아 성당 건축물에 이슬람식 건축을 더하여 보존시켰다. 오늘날 '아야소피아 박물관' 으로 개방되어 후세가 아름다운 모자이크 벽화를 감상하는 행복을 주었다.

베트남 전쟁 되돌아보기

전쟁이란 말은 내뱉기만 해도 힘이 들어간다. ㄴㅇ받침이 모아져 단단해지면서 곧바로 긴 낫을 어깨 위로 치켜든 죽음의 사신과 귀까지 찢어진 검은 입술에 검정 두루마기를 입은 저승차사가 허공을 나울거리는 것 같다.

전쟁에는 어떠한 선善도 없다. 전쟁을 행한 국가는 아무리 그럴듯한 대의명분을 갖다 붙여도 사람의 생명을 빼앗는 폭력 앞에서 자유로울 수 없다. 불행하게도 특별한 연령대의 젊은이들은 위정자들이 설계한 전쟁의 아비규환 속으로 어쩔 수 없이 떠밀려간다. 국가의 부름으로, 혹은 맹신하는 이념이나 종교의 이름으로 보통의 젊은이들이 전쟁의 폭풍 속으로 걸어 들어가는 것이다.

그들은 전쟁의 격류 속에서 본인의 의지와는 상관없이 서로의 가슴에 총부리를 겨눈 채 상대방을 쓰러뜨려야 하는 그 공포의 순간을 맞이한다. 너를 죽여야 내가 산다는 그 절박한 찰나에는 인간은 사라지고 동물적인 본능만 남는다. 그 절대 절명의 순간, 한 호흡 느린 병사는 어쩔 수 없이 소중히 받들어온 이승과 작별을 해야 하는 참혹한 현실이 바로 전쟁의 민낯이다.

월남전의 내음이 너무나 독하다. 한 달 내내 그 짙은 향이 나를 쫓아다녔다. '제7회 노근리평화상'을 탄 이상문의 소설 《인간아 아, 인간아》의 주인공 황덕수가… 전쟁 귀신 구종구가 맡았던 그 칠흑 같던 정글 냄새가… 책장을 넘기자마자 마치 기다리고 있었던 것처럼 나를 1964년 베트남 전쟁으로 끌어들였다. 그래서 내친김에 작가의 《황색인》을 또 다시 뒤적이면서 베트남 전쟁에 빠져서 허우적댔다.

'베트남 전쟁' 하면 눈앞에 발가벗은 소녀의 울부짖는 사진이 떠오른다. 이 사진 한 장으로 퓰리처상을 수상한 베트남 종군기자 콩 닛 웃이 찍은 참혹한 사진은 아직도 나에게 커다란 충격을 준다. 맨몸으로 화상을 입은 채 폭격 현장에서 도망쳐 나오던 소녀의 사진은 전 세계인에게 아시아 대륙 베트남이란 나라에서 벌어지고 있는 전쟁을 날 것 그대로 생생하게 보여주었다.

1972년 태양이 지글거리며 춤을 추던 6월 8일, 남베트남 공군은 저공비행으로 1번 국도 주변 마을을 오인 폭격한다. 이 아수라의 현장에서 10살 소녀 판 틴 킴 퍽은 불이 붙은 옷을 찢어 버리고 알몸으로 그 현장을 뛰쳐나왔다.

처참했던 베트남 전쟁의 상징이 된 소녀는 상처를 딛고 잘 자라서 전쟁이 끝나고 나라가 안정된 후에 베트남 정부 관리로 유엔에서 근무를 했다. 참 다행이다. 아마 지금도 그녀는 가끔씩 불쑥 치받고 올라오는 어두운 기억을 다독이며 살아갈 것이다.

베트남 전쟁은 1960년부터 무려 16년간이나 계속된 북베트남과 남베트남과의 전쟁이다. 월남 공산당을 이끌고 있던 급진적인 민족주의자 호찌민의 북베트남과, 자유 민주주의 깃발을 높이든 남베트남과의 기나긴 전쟁이었다. 미국은 베트남이 공산화 되면 주변국들도 공산주의에 물든다는 명분과 함께 월남 거주 미국인을 보호한다는 구실을 앞세워 참전했다.

우리나라는 6 · 25 전쟁 때 미국에게 받은 도움을 갚는다는 명분으로 1964년부터 1972년까지 약 8년 6개월 동안 연인원 32만 명의 장병을 파병했다. 실제로 군복무 중에 지원해서 전쟁의 참상을 겪었던 작가는 베트남 전쟁을 소재로 한 소설을 통해서 우리의 불행한 분단 현실을 끄집어내며 독자들에게 이야기하고 싶어 한다.

우리가 베트남과 우의를 다지고 있는 지금, 나는 이 한 권의 소설로 베트남 전쟁을 다시 돌아보게 되었다. 과연 활자의 위력은 대단하다. 책장을 넘기는 내내 이야기는 형태를 갖추며 그때 그 시대, 우리가 '베트콩'이라고 불렀던 것과 김추자의 노래 '월남에서 돌아온 새까만 김상사' 를 부르던 시절로 이끈다. 우리의 젊은 병사들이 조국의 부름을 받고 이역만리 베트남 땅에서 싸웠노라고 증언을 한다.

전쟁터에서 살아남은 병사들은 온전하게 펼쳐진 삶조차 버겁다. 평생 트라우마가 뒤를 졸졸 쫓아 다니면서 힘겹게 봉인해놓은 기억을 풀어헤치며 괴롭힌다. 속내를 감추고 간신히 일상 속에 비집고 들어가서 삶에게 손을 내밀지만 번민과 고독은 여전하다.

이 책은 이러한 관점으로 시작되었다. 느닷없는 아내의 자살로 피폐해져가는 황덕수의 꿈에 귀신으로 나타난 아내와의 대화는 추리기법까지 도입되어서 궁금증을 증폭시켰다.

덕분에 나도 작가가 소설의 뼈대로 삼은 덫에 걸려들었다. 죽은 아내가 갸륵하게도 결혼 생활 내내 무심하고 우유부단했던 남편 덕수를 위해 저승으로의 편입도 미뤄두고 구종구와 화해시키기 위해 애쓰는 사실에 분개를 하면서도 이해를 했다.

오십 평생 남편을 괴롭혀왔던 베트남 전쟁의 상처를 풀어주려고 밤마다 남편과 남편의 평생 애증상대인 구종구의 꿈에 찾아가서 둘 사이를 화해시키는 아내는 한을 안으로 삭이면서 남편에게 순종하는 우리의 보편적인 어머니상이다.

아내를 사랑하면서도 언제나 미적지근한 태도를 보이고, 아이를 좋아하면서도 입양을 거부하는 덕수는 선임병 구종구에 대한 죄책감으로 입을 꾹 다물다가 결국 결혼 생활을 파탄내고야 만다. 전쟁의 질긴 올가미에 걸린 남자이다.

주인공 그 남자, 황덕수가 자아내는 분위기는 애달프다. 늘 아내에게 미안해했으며 선임병 구종구에게도 같은 마음이었다. 결국 곁을 주지 않았던 덕수의 태도는 아내를 죽음에 이르게 했으며 자신도 황폐화 시켰다. 그러면서 덕수는 구종구를 만나지도 않으면서 꾸준히 생활비를 보태주었다.

또 한 명의 주인공 구종구도 결코 미워할 수 없는 인간이다. 그는 결코 구제불능의 인간이 아니다. 오히려 보통의 인간이며 시대가 낳은 기형아일 뿐이다. 그가 행한 전쟁 기간 동안의 악마 같은 탐욕은 개인의 욕망에 쓰인 것이 아니고, 고향 마을 친척들의 생활을 책임지는데 쓰인 것이기에 더욱 마음이 쓰인다.

당시 대한민국은 GNP가 100달러도 안 되는 빈곤 국가였다. 국가가 이리도 가난한데 국민들의 삶은 어떠했을까. 대다수의 국민들이 종구네 동네사람들과 같이 궁핍한 처지였을 것이다.

베트남 참전으로 우리나라는 경제적 발전과 함께 국가의 성장을 가져왔다. 오늘날 눈부시게 발전한 대한민국의 디딤돌이 되었다. 그러나 그 그늘에는 많은 병사들의 희생과 고엽제로 인한 제대 군인 가정들의 고통이 있다. 이것이 우리나라 역사의 맨얼굴이다. 과거의 역사가 아닌 현재의 역사이며 다함께 보듬고 가야하는 미래의 역사이다.

"이 마을 주민들은 고엽제에서 완전히 벗어났다고 합니다. 이상하게 생각한 외국 학자들이 이곳에 머물면서 연구를 했지요. 연구 결과는 놀랍게도 바로 집집마다 심어놓은 노니 나무에 있다고 합니다. 고엽제 환자들이 노니 열매를 먹고 즙을 바르고 해서 병이 다 나은 거랍니다."

올 가을 베트남 여행 중에 베트남인들이 당한 고엽제 이야기를 들었다. 다낭 호이안 투본 강변에 자리한 탄하 도자기 마을 입구에서였다. 도자기 마을에 대해 설명하던 친절한 가이드 심부장의 말에서 전쟁의 상처가 묻어나왔다. 노니 열매를 보여주다가 다낭과 호이안에 청룡 부대가 주둔했었다고 말하며 얼굴이 숙연해진다.

"이곳 다낭에서는 베트남 사람들에게 곰살궂게 대해야 합니다. 한국군에 대한 아픈 역사가 있어요."

다낭박물관에서 보았던 베트남 전쟁 당시 우리 한국군의 기록들이 심부장의 설명에 녹아있다. 나는 대한민국과 베트남의 봉인된 상처에 고개를 끄덕여 주었다.

현재 우리나라와 베트남은 밀월 관계이다. 베트남의 국가 대표 축구 감독을 맡아 승승장구하는 축구 영웅 박항서 감독의 열광적인 인기 덕분이다. 베트남 축구 역사를 새롭게 쓰고 있는 박항서 감독을 베트남 사람들은 '국민 영웅' 으로 부르며 열광을 보낸다. 가이드 심부장이 박항서 감독에 대한 흥미 있는 이야기 해줄 때 참으로 감사하고 고마워서 눈시울이 촉촉해졌다.

아버님의 통일

이리저리 뒤척이다가 비몽사몽으로 겨우 까무룩 잠이 들었을 때다.

"내… 주민… 호 가지고 있어?"

꿈결인 듯 아닌 듯 방문 앞에서 시커먼 그림자가 내게 묻는다.

실내등에 비친 실루엣이 마치 딴 세상에서 건너온 잔상인 듯하다.

"아… 네!"

눈을 깜빡이며 다시 현실 세계로 돌아와 보니 아버님이시다. 뇌일혈로 쓰러져 말씀이 어눌해지신 아버님의 말뜻을 미루어 짐작해보니 "내 주민등록증 가지고 있냐?" 라는 말씀이시다. 낮에 동사무소에서 장애인 등급 심사 갱신을 하고 미처 돌려드리지 못했는데 주무시다가 생각이 나셨나보다.

흐린 조명등 아래서 내 방을 기웃거리는 아버님의 몸이 마치 수액이 말라버린 가시나무같이 삐죽삐죽하다. 더욱이 쓰러지신 뒤로 언어 기능의 반을 잃어버린 터라 식구들은 아버님이 표현하고자 하는 내용을 못

알아들어서 얼추 짐작으로 대화를 한다. 그러고 보니 어느덧 구순이시니 깡마른 모습이 더욱 애잔하고 슬프다.

늙음은 이렇게 오나 보다. 잠자리에서 눈을 뜨면 새 '오늘'을 맞이하고 각자의 주어진 업業대로 하루를 살아가는데 세월은 기척도 없이 다가와서 부유하거나 가난하거나 나이 순으로 고르게 늙음의 외투를 입혀주면서 사람의 모습을 변형시켜 놓는다. 지금 아버님도 어쩔 수 없이 세월에게 선물 받은 늙음이라는 외투의 무게에 눌려서 힘겹게 살아가고 있는 중이다.

아버님의 삶의 한 단락에도 펄펄 끓던 청춘의 시절을 국가를 위해 바쳤던 불꽃같은 시대가 있었다. 스무 살에 이웃 동네에 살던 어머님과 맞선을 봐서 혼인을 했고, 21살에 공군 5기생으로 입대를 해서 상사 계급으로 복무하던 중에 24살 되던 초여름에 6 · 25전쟁이 일어나자 곧 바로 전쟁터로 달려가서 나라를 지켜내셨다.

전쟁이 끝나자 집에 돌아와서는 한 집안의 고단한 장남으로 가족을 위해 당신의 모든 삶을 다 바치셨다. 공무원 정년퇴임 후에는 대한민국 무공수훈자회 회원으로, 대한노인회 강서지부 부회장으로 분단된 우리 민족의 통일을 위해 활발하게 봉사하셨다.

아버님의 말씀이 제일 또렷해질 때는 6 · 25전쟁 이야기를 풀어내실 때이다. 나는 아버님의 말씀이 자꾸 뒤엉클어질 때 마다 희미해져가는 정신을 붙잡으려고 전쟁 이야기를 끄집어낸다.

"그래서요. 평양 땅을 밟았을 때 아버님의 부대는 어떻게 되었다고 하셨지요?"

이때 기억을 더듬는 아버님의 눈동자는 생기가 돌아오고 옆에서 거들어주는 어머님도 부족한 이야기를 보태주면서 아버님의 기억을 이끌어

내신다.

아버님은 고개를 끄덕이며 백 번은 더 들었을 화약 냄새 가득한 전쟁 속으로 들어가 전우들의 이름을 불러낸다.

그때 아버님의 얼굴은 얼마나 빛이 났던가. 말씀하시는 행간에서 조국을 지켜냈다는 자랑스러움이 자긍심으로 반짝였다. 그러나 이제는 아버님이 기억하는 불꽃같은 이야기에 힘이 없다. 기억의 해마가 군데군데 지어져서 거실 장에 놓인 훈장을 물끄러미 바라보는 날이 많다.

북한의 갑작스런 기습 남침으로 온 국토가 전쟁터로 변해서 초토화되었던 그 참혹했던 시절에 아버님은 가족들과의 짧은 이별을 뒤로하고 전쟁터로 떠나셨다. 생사를 가늠할 수 없는 포화 속에서 적군과 싸우다가 1950년 가을 아버님의 부대는 38도선을 돌파하여 평양 미림 비행장까지 행군을 했다.

급기야 우리 국군은 유엔군의 참전으로 압록강 부근까지 진격하여 우리 민족의 통일을 앞두고 사기충천 하였다. 바로 이때 중공군 수십만 명이 인해전술로 전쟁에 개입하면서 전쟁은 또 다른 국면을 맞게 되면서 퇴각하게 되었다.

그 삶과 죽음을 가르는 아수라장 속에서도 손바닥만 한 장마당이 평양 시내 흙바닥에 펼쳐졌다. 그때 주위를 경계하며 행군하던 아버님의 눈길에 앙증맞은 자주색깔 꼬마 단화가 들어왔다. 순간 아버님은 얼굴도 못 보고 헤어져야만했던 꼬물거리던 아들이 눈앞에 아른거려서 구두를 사서 옷 속에 품고 수호신처럼 그 고된 전장을 견디어 내셨다.

제1차 세계대전과 맞먹었을 정도로 피아간에 퍼부은 총탄이 어마어마했던 6.25전쟁은 3년 1개월 2일이 된 1953년 7월 27일 날 드디어 휴전을 했다. 그리고 어느덧 분단된 지 70년이 되었다.

우연히 나와 인연이 닿아 읽게 된 한국전쟁을 기록한 귀한 책이 있다. 요약본으로 나온 《6 · 25전쟁 1129일》이다. 편저자 이중근이 한국 전쟁이 발발한 1950년 6월25일부터 휴전일인 1953년 7월 27일까지의 기록을 '당시에 있던 그대로' 편집하여 저술한 요약본이다. 이 책을 읽으면서 이중근 회장에게 감사하다는 마음이 일었다. 얼마나 고마운 일인가. 6 · 25 한국 전쟁에 대한 실상을 자세하게 기록한 책이 나왔으니, 목숨을 바쳐 산화한 순국선열과 호국영령들에게 빚지고 있는 후손으로서 감사하고 또 감사하다.

이중근 회장은 주택건설 부영그룹 창립자이다. 기업인이 교육에 대해 깊은 관심과 함께, 한국 전쟁의 정확한 인식을 위해 발간하였다는 뜻이 반갑다. 아마도 자라나는 청소년들에게, 자랑스러운 대한민국의 소중함을 일깨워주고자 낸 책이라는 생각이 든다. 편저자 이중근은 머리말에서 '끝나지 않은 전쟁' 의 실제를 확인해 보는 과정으로 역사의 거울이 되기를 바란다고 말했다.

> 《6 · 25전쟁 1129일》은 1950년 6월 25일 새벽 4시, 242대의 탱크와 전투기를 앞세운 북한군이 무방비 상태의 남한에 전면 남침을 개시한 시점부터, 유엔 측과 공산 측이 2년여에 걸친 회담 끝에 1953년 7월 27일 오전 10시 정전협정을 체결하기까지 1,129일간, 한반도를 중심으로 국제 사회에서 벌어졌던 일들을 정성껏 수집하여 기록했다.

마지막 장, -굳어져 가는 휴전선-에서는 이렇게 서술했다.

> 3년간의 전쟁으로 인한 인명 피해는 컸다. 현재 밝혀진 것만 하더라도

국군 62만, 유엔군 16만, 북한군 93만, 중공군 100만, 민간인 250만, 이재민 370만, 전쟁미망인 30만, 전쟁고아 10만, 이산가족 1,000만, 등 당시 남북한 인구 3,000만 명의 절반이 넘는 1,900만 명이 피해를 입었다.

6 · 25 참전 용사인 아버님은 그렇게 치열했던 동족상잔의 악다구니 속에서 대한민국을 무사히 지켜내고 집에 돌아와 이렇게 늙어 가시는 중이다. 아버님은 막내 손녀가 고등학교 2학년이었을 때 할아버지를 보면서 지었던 시를 낭독해 드리면 제일 좋아하신다. 막내는 국가보훈처가 공모하는 글짓기 대회에 <할아버지 웃음> 이라는 시를 응모하여 우수상을 탔다.

할아버지의 웃음

조경민(안양외국어고)

식탁 앞에 앉은
할아버지의 웃음이
젓가락으로 집은 해초처럼 싱싱하다

오늘따라
골 깊은 두 이랑이 밝게 펴진다
저 골짜기 저쪽에
신산한 세월이 숨어있다

군번 3201530 공군 일등상사로
푸른 애국 세우고

평양까지 행군했던 젊은 군인이
퇴각했을 때 품에 꼭 안아
가져온 사랑 하나

할아버지는 사무치는 아들 생각에
전쟁의 와중에서도 품에 따듯하게
안고 오셨다

신발을 신은 어린 꼬마는
할아버지가 주신 '자유'를 안고
아빠가 되었다

전쟁을 내려놓은
할아버지의 웃음에서
세월을 느낀다

아버님은 대견해 하시면서 웃고 또 웃었다.

지금 현재 아버님과 같이 살아계신 6·25 참전 용사들은 약 20만 명이라고 한다. 풋풋한 청춘에 목숨을 초개처럼 나라에 바치고 총을 들고 용감하게 적군과 싸워서 자랑스러운 대한민국을 지켜낸 세대들이다.

어느덧 세월은 6·25전쟁을 역사의 한 페이지로 남기고 저만치 달려가서 참전 용사들을 손짓하며 부른다. 더 늦기 전에 불꽃같았던 전장의 기억들을, 경험하지 못했기에 전쟁의 무서움을 모르는 후손들에게 증언하라고 귓속말을 한다.

여기 나의 시 <해동청 보라매>를 아버님께 바친다.

해동청 보라매

흰머리 깊은 주름 아버님의 모습에서
65년 전 그 날을 다시 본다
공군 3201539번 일등상사로
조국의 운명을 두 날개에 싣고

응격모지鷹擊毛摯로 평양 미림 비행장으로 진격했던
해동청 보라매 우리 아버님

전쟁을 내려놓은 지금은
그 날에 누비던 흰 구름을 머리에 이고
적군을 응징하던 골짜기를 얼굴 가득 주름으로 담고
24살 빛나던 열혈 청년에서 구순九旬의 노병으로

대한민국 6 · 25 참전 유공자, 대한민국 무공 수훈자라는
명패를 이름 위에 덧붙인 채
거실 장에 놓인 무공훈장을 닦는다
조국의 내일을 닦는다

어느덧 세월은 흐르고 시대는 바뀌어서 어제의 적이었던 중국과 한 · 중 FTA도 체결했다. 현재 중국은 우리나라의 제1교역국이 되어 우리 경제에 큰 영향을 미치고 있다. 또한 우리나라는 인도적인 아량으로 6 ·

25전쟁 당시 전사해서 파주시 적성면 답곡리에 묻혔던 중국군 유해를 중국으로 송환했다.

이제는 '통일' 이라는 밀린 숙제만 남았다. 분단 70년, 휴전 62년 동안에도 이루지 못한 통일이다. 어느 날 예고도 없이 해일처럼 넘쳐 들어올 수도 있는 통일을 준비해야 한다.

올해 아버님께 <대한무공수훈자회 서울시지부 강서지회>에서 공문이 왔다. 고령 회원이 85%가 되어서 회의 참석률이 30% 밖에 되지 않으므로 총회를 열지 않고 그 비용으로 불우이웃을 돕겠다는 내용이다.

이것이 6 · 25 참전동우회 회원들의 현실이다. 이젠 아버님도, 동료 전우들도 기력이 쇠잔해져서 다만 통일을 간절하게 기다릴 뿐이다. 어느 날 아버님 생전에 '잠에서 깨어 새벽을 맞았더니 TV 뉴스에서 통일이 되었다는 함성이 터져 나오더라' 하는 꿈같은 일이 일어나면 얼마나 좋을까.

-2017년 10월 6일 18시 59분에 하늘 나라로 가신 아버님께 이 글을 바칩니다.-

한두실에서 복사골 시대의 두 여성

김종상의 《한두실에서 복사골까지》는 팔순 기념 문집으로 발간한 자전적 수필집이다. 여기에는 외래 문화의 격랑에 표류하고 있는 우리 고유 문화에 대한 애증, 민족의 자존과 정통성이 무시되고 교권도 만신창이가 된 교육의 현실, 일제의 수탈로 파산한 가정의 장손으로 어렵게 살아온 어린 시절과 많은 사랑과 감화를 주었던 존경하는 선배들에 대한 이야기, 문단의 원로라는 사람이 알량한 감투를 탐하여 배신하고 기만하며 분파와 갈등을 조장해온 아동 문단의 역사들이 은은하면서도 깊은 울림으로 가슴에 젖어든다. 그 중에서도 선생님의 어머니와 아내인 사모님의 이야기는 같은 여성으로서 참으로 많은 것을 생각하게 했다.

세상에서 남다른 큰일을 해낸 사람들 뒤에는 헌신적으로 뒷바라지를 해준 사람들이 있다. 큰일을 해낸 사람이 남자일 경우 그들은 어머니거나 아내, 혹은 인연의 끈이 닿아 교감을 나누었던 여성들이 많다.

반세기가 넘는 교단 생활에서도 큰 자취를 남겼고, 육십 년이 가까이 된 문단 생활에서도 시, 동시, 시조, 동화, 소설, 수필에까지 많은 작품을 남긴 김종상 선생님의 보람과 영광의 그늘에도 사랑과 헌신의 생애를 사신 두 여성이 있다.

한 분은 '한두실과 관음절 시대'의 어머니이고, 또 한 분은 '감의 고장 상주와 복사골 시대'를 함께 하신 사모님이다. 선생님은 이 두 분의 끝없는 사랑과 헌신으로 교단에서도 큰 업적을 남겼고, 오늘날 한국 문단의 큰 어른으로 자리매김을 하셨다는 것을 단언할 수 있다. 선생님이 걸어오신 80개 성상을 되돌아보면 오할은 어머니의 사랑이고 오할은 사모님의 봉사라고 말할 수 있겠다.

《한두실에서 복사골까지》를 읽어보면 선생님의 삶의 자세와 사회적으로 우뚝 설 수 있었던 것은 모두 어머니의 사랑과 희생의 결실이었다.

선생님은 안동군 서후면 대두서의 김해김씨의 한 종가집 장남으로 태어나서 유년시절을 홀어머니 밑에서 자란다. 원래는 마을에서 유복하게 살던 종가였는데, 선생님이 태어나고 얼마 안 되어 일제 앞잡이의 농간으로 농토 대부분이 남의 손으로 넘어가게 되어 파산을 하게 된다. 당시 일제의 수탈에는 이유가 없었다. 아버지는 이 일에 대한 울분을 안고 홀연히 만주 땅으로 떠나버리셨다. 할아버지 또한 분기충천 하셔서 땅 문서를 갖고 정처 없이 어디론가 가버렸다.

혼자 남게 된 어머니는 남은 땅을 거두어 농사를 지으며 어렵게 살림을 꾸려간다. 그러면서도 장남인 선생님에 대한 사랑이 끔찍하셨던 어머니의 모습은 선생님이 「들로 가신 엄마 생각 책을 펼치면 책장은 그대로 푸른 보리밭, 이 많은 이랑의 어디 만큼에 호미 들고 계실까 우리 엄마는…」이라고 노래한 시 〈어머니〉에서부터 마치 한 폭의 수채화같이 그려진다. 이 〈어머니〉는 4차 초등국어 4-1, 5차 초등국어 6-1, 7차 중등

음악1 에 수록되었다. 이 무렵의 어머니가 선생님을 위하는 모습은 아래와 같은 내용에서 엿볼 수 있다.

20리가 넘는 학교에 늦을까봐 두멍이라는 물독에 얼음을 깨고 새벽밥을 지어 따슨 밥을 먹여주셨고, 춥다고 옷은 이불 밑에 데워서 꼭 손수 입혀주시고, 고무신은 저고리 앞섶에 품었다가 발에 신겨 주셨다. 학교 가는 모습이 마을 앞 산모롱이를 돌아서서 보이지 않을 때까지 사립문에서 하염없이 지켜보셨고, 학교에서 돌아올 때는 귀가시간이 늦으면 마을 앞 동구나무 밑에 나와 기다리시다가 손을 잡고 집으로 왔다.

그 시절에는 해만 지면 마을로 오는 산골길에 늑대가 떼를 지어 출몰하므로 어머니는 늘 불안했으니, 어머니의 삶은 걱정과 기다림의 연속이었다.

선생님이 다른 책에 쓴 어머니의 이야기를 보면 낮에 농사일로 아무리 지친 날에도 어머니는 밤이면 호롱불에 심지를 돋우고 고대 소설을 노래로 쓴 《옥단춘가》를 구슬픈 목소리로 부르며 삼을 삼고 선생님은 그 곁에서 토막연필에 침을 묻혀가며 일기를 쓰고 공부를 했다고 한다. 안동은 삼베인 안동포로 유명한 고장이므로 안동포는 어느 가정에서나 했다. 이러한 어머니의 모습은 선생님의 기억 속에서 떠나지를 않아서 나중에 《겨울 어머니》《동구나무 가로등》《어머니 무명치마》《어머니, 그 이름은》 등의 작품으로 승화되어 많은 독자들의 심금을 울렸을 뿐만 아니라 '한정동아동문학상' 도 받고 캐나다 교포 신문 캐나다 뉴스에 '어머니날 특집' 으로 실리기도 했다.

그렇게 키운 선생님이 학교 교사가 되었다. 1955년이었다. 그 때부터 선생님은 젊은 날을 고생으로 보낸 어머니를 모셔야겠다고 생각했다. 외국을 방랑하다가 해방 후에 귀국하신 아버지도 어려운 생활과 힘든 농사일에 너무 고생을 하셨으니, 이제는 좀 쉴 수 있게 했으면 했다. 그러나 두 분 모두가 고향을 떠나서는 살 수 없다고 했다. 어머니가 더했다. 정든 벗들이 있고 당신의 손길만 기다리는 논밭을 떠날 수가 없다고 했다. 객지 생활은 고독하고 삭막하며 할 일도 없어 잠시도 살 수가 없다고 했다. 하지만 그것은 핑계였다. 객지 생활을 하는 아들에게 짐이 될까봐 그러셨던 것이다.

어머니가 어느 날 갑자기 대구 동산병원에 입원을 했다는 연락을 받고 달려가 보니, 의사가 고개를 저었다. 신장병인데 자식들에게 부담을 안 주려고 숨겨오다가 요독증이 되어 치료가 불가능하다는 것이었다. 어머니가 운명 직전 혼수상태에서 한 말이 "애야, 학교일이 바쁠 텐데, 왜 왔니?" 였다고 한다. 거기에서 어머니의 사랑과 희생은 막을 내렸다. 자신을 위해서는 아무 것도 한 것 없이 오로지 자식만을 위해 모든 것을 다 주고, 어머니는 빈손으로 그렇게 떠난 것이다.

선생님이 교사가 되어 상주 외남국민학교로 가셨을 때는 휴전 직후라 농촌 생활의 어려움은 말로 다하기 어려웠다. 학교에서 미국이 보내주는 옥분과 전지분유로 죽을 끓여 주면 어린이들의 굶주린 배는 그것을 받아드리지 못하여 토하고 설사를 하는 형편이었다. 어린이들은 가난한 부모 일을 돕느라고 결석도 많았지만 학교에 나오는 어린이들도 집에 가면 날이 어두울 때까지 부모를 도와 농사일을 했고 밤이면 석유를 아끼느라고 등불을 켜지 못해 공부는 생각도 못 했다. 그래서 공부에 재미도 못 붙였고 고학년이 되어도 문맹이 많았다.

선생님은 문맹 퇴치의 시급함을 느끼고 책을 읽히며 일기를 쓰게 하고 글짓기를 가르쳤다. 집에 가도 끼니가 어려운 어린이들을 집에 보내지 않고 남겨서 학교 사택에 모아 저녁밥을 해먹이고 책을 읽혔다. 그러나 당시 선생님의 봉급으로는 가족이 살기도 어려운 형편이라 사모님은 지숙골 친정에 가서 양식을 가져왔다. 땔나무는 손수하고 학교 실습지에 채소를 가꾸어 어린이들 먹이는데 보탰다고 한다. 이 책에는 그 때의 일을 아래와 같이 적고 있다.

> 집에 보내면 끼니도 어렵고 농사일로 숙제도 할 수 없는 어린이들은 남겨서 밥을 해먹이고 책읽기와 글짓기를 가르쳤다.
>
> 쥐꼬리만 한 선생 봉급으로는 남겨서 공부하는 어린이들을 먹일 수가 없어서 아내는 지숙골 친정에서 양식을 가져왔다.
>
> 밤에 학교에 남겨서 공부시키는 것을 반대하는 부형들의 불평도 있었지만 그들을 하나하나 이해시키며 설득해 나갔다.

이런 이야기를 읽으며 신혼 때부터 그렇게 어려운 생활 속에서도 묵묵히 선생님이 하시는 일에 뒷바라지만 하신 사모님의 모습은 같은 여자의 입장에서 생각해 보니, 참으로 대단하다는 생각이 든다. 이러한 사모님이 계셨기에 상주가 대한민국에서 글짓기 교육으로 제일가는 「동시의 마을」이 되었고, 선생님은 그 중심에 우뚝 서게 되었다. 선생님은 상주 글짓기 교육을 선도하는 단체인 '상주글짓기회' 대표로 제2회 경향교육상 본상을 받았다. 그로 인해 서울에 있는 사립학교에 특채가 되어 '복사골시대' 가 시작되었다.

그러나 농촌 출신으로 자연성 그대로 살아온 선생님은 도시 생활이나 사립학교의 특성에 적응을 잘 하지 못 했다. 그것은 서울로 옮긴 뒤에 쓴 〈서울의 달〉 〈밤 북악에서〉 〈만원버스〉 〈거리의 소음〉 같은 시에 그대로 나타나 있다. 이럴 때도 선생님을 흔들리지 않게 잡아준 것은 사모님이었다. 그래서 선생님은 새로 부임한 서울의 학교가 제2회 대통령상 타기 글짓기대회에서 대통령상을 비롯한 문공부장관상 등 큰 상을 모두 가져와서 글짓기교육 최고의 학교로 만들었고, 담임 반에 붓글씨와 사군자치기까지 가르쳐서 학급생 전원이 전국적인 서예대회에 모조리 입상의 영광을 갖게도 하였다.

당시 6학년 아동으로 선생님께 붓글씨를 배웠으며 CEO인 박기홍 사장의 <서화학습으로 보낸 졸업반> 이란 수필을 보면 선생님의 교육에 대한 열정과 지도력이 세밀화처럼 그려져 있다. 거기에는 아래와 같은 구절이 있다.

「6학년이 되고 4월부터 시작된 선생님의 서예 지도는 학교 공부가 끝나고 방과 후 학습으로 이어져서, 우리는 하교가 언제나 늦었다. 한창 뛰어놀고 싶은 우리들은 이때나 저때나 서예 시간이 없어질 것을 고대했지만 선생님은 아예 여름방학까지 반납하고 반 어린이들을 불러내어 서예를 가르치셨다. 이런 선생님의 열정으로 7월, 9월에 반 전체 35명이 모두 전국서예대회를 휩쓰는 쾌거를 이루었다. 그래서 뛸 듯이 기쁘면서도 이제는 해방이겠거니 했는데, 또 화가 선생님을 초빙해서 사군자 치기를 가르치셨다. 이렇게 선비 정신을 강조하며 서예를 가르친 선생님 덕분에 필자는 생활에 개칠을 하지 않고 삶을 올곧게 살아가는 밑천이 되었다.」

이러한 결과는 한국교육출판사를 통해 발행된 《어린이 서화집》으로 남아있는데, 거기에 담긴 선생님의 노력 뒤에 숨은 사모님의 내조를 읽을 수 있다.

당시 선생님은 거의가 방과 후 과외수업을 받는 사립학교 어린이들을 늦도록 학교에 붙들어놓았다. 또 입시에도 없는 붓글씨 지도를 한다며 매일같이 값비싼 옷에 먹칠을 해서 보내는 선생님에 대한 학부모들의 원망이 사모님을 괴롭혔다. 그러느라고 가정은 하숙집이 되어버린데 대한 섭섭함도 있었지만 사모님은 내색조차 하지 않았다.

이러한 선생님의 무심함은 사모님이 편찮았을 때도 남편인 선생님보다 오히려 선생님을 자식처럼 아끼던 이원수 선생님이 먼저 알아채셨다. 그래서 이원수 선생님은 사모님을 데리고 인천 제물포까지 내려가서 용한 한의원에서 진료를 받게 했단다. 이 일은 삶이 힘들고 몸이 아파도 선생님 앞에 내색을 안 하셨던 사모님이기에 일어난 전설 같은 이야기이다. 바로 이런 성품의 사모님이기에 상주에서 부터 '복사골 시대' 까지 온갖 어려움을 묵묵히 견디어 내신 바탕이다.

선생님은 한 평생 '집안은 사모님의 책임 아래 잘 돌아가고 있겠거니 맡기시고' 자신은 교육과 문학에만 혼신을 다하셨다. 추상같은 꾸짖음으로 비정상을 정상으로 돌려놓으실 때는 엄하셨지만, 사랑하는 제자들의 부족한 실력을 갈고 닦아서 큰 대회에 입상케 하여 평생 잊지 못할 긍지와 자부심을 안겨주셨다. 그것은 1988년 8월 8일에 나이가 일흔 가까이 된 상주의 제자들이 뜻을 모아 어린 날 선생님과 함께 했던 학교길에 '기념 시비' 를 세운 일에서도 증명이 되고 있다.

오늘날은 참교육이니 뭐니 하는 이름으로 교실을 버리고 거리로 뛰쳐나가는 교사들과 자신들의 본분인 교육보다 정치적인 일에 더 관심을 갖고 나라를 어지럽히는 일을 종종 본다. 무엇이 참다운 교육이고 어떤 것이 진정한 어린이 사랑일까?

우리는 단일민족 단군의 자손임을 자랑해 왔다. 그러나 이제는 예전과는 달리 교실은 단일민족의 자손들 집단이 아니기에 많은 고민들이 충돌하고 있다. 다문화가정 어린이, 결손가정어린이, 보육시설의 어린이, 새터민 어린이들이 한 교실에서 공부를 한다. 단일이 아니라 혼합이다. 내가 아니라 우리이며 지구마을 인간 가족이 함께 하는 시대이다. 이렇게 교육 환경이 바뀐 때에 우리는 진심으로 어린이들을 보듬어주는 선생님의 아가페적인 사랑이 필요하다. 어린이들의 이야기를 가슴으로 들어주면서 눈물을 닦아주는 선생님, 따뜻한 손길로 아픔을 감싸서 위안과 꿈을 주는 선생님, 뒤떨어지는 어린이들을 모아서 방과 후 늦게까지 함께 놀아주고 나머지공부도 시켜주는 그런 선생님이 그리운 시대이다.

《한두실에서 복사골까지》는 그런 선생님이 될 수 있는 길을 가르치고 있다. 바른 삶을 찾아서 올바르게 가자면 어떻게 해야 하는가를 알려주고 있다.

'세상을 움직이는 것은 남성이지만 그 남성을 움직이는 것은 여성이다' 라는 명언이 있다. 나는 이 책을 읽으면서 위대한 어머니의 모습과 훌륭한 아내의 길을 곰곰이 생각해 보게 되었다. 아울러 선생님이 살아오신 길에 끝없는 경의를 표하고 싶다.

4

이스탄불의 소리

인류에게 묻는다

재미있다. 술술 읽힌다. 새로운 사실을 배운다. 다 읽고 나서도 책에 사로잡힌다. 세상을 보는 관점이 달라졌다. 《사피엔스》, 그 대장정의 마지막장을 덮고 든 생각이다. 과학자의 시선이 아닌 중세 전쟁사를 전공한 역사학자의 시선으로 썼기에 문체가 거침없고 말랑하다.

유발 노아 하라리는 책 뒷표지에 빨간 글씨로 독자에게 질문을 던졌다. 그 질문이 《사피엔스》를 관통하는 주제이다. 어떻게 해서 사피엔스 종만이 지구상에 살아남았으며 역사상 가장 치명적인 동물이 되었는가부터 과학과 종교, 인간의 문명 발전과 행복에 대해서 포괄적으로 다뤘다. 그는 인간의 유효 기간까지 주장하며 독자에게 도발을 한다.

서두에서 유발 하라리 자신이 밝힌 '세 개의 혁명' 즉 약 7만 년 전에 일어난 인지혁명과 약 12,000년 전에 발생한 농업 혁명, 또 500년 전에 시작한 과학 혁명의 해석이 흥미롭다. 인간과 이웃 생명체에게 영향을 끼치기 시작한 세 가지 혁명이 우리 사피엔스 종까지 진화하게 했으니 얼마나 놀라운 일인가. 인간종의 할머니인 침팬지에서 오늘날 인간종인 호모 사피엔스의 역사라니, 진화의 신비는 가히 폭발적이다.

마침 《사피엔스》에 빠져있을 때 영화관에서는 <혹성탈출: 종의시작>이 방영되고 있었다. 인간보다 영리한 유인원 리더 시저를 보면서 아마도 시저 같은 슬기로운 유인원이 인지혁명을 앞당겼을 거라는 생각을 했다.

유발 하라리의 시선을 따라가면 진화의 역사부터 나온다. 약 250만 년 전으로 추정되는 동부 아프리카의 오스트랄로 피테쿠스(남쪽의 유인원)에서부터 유럽과 서부 아시아의 호모 네안데르탈인(네안데르 골짜기에서 온 사람), 2백만 년까지 살아남았다는 아시아 동쪽지역의 호모 에렉투스(똑바로 선 사람)로부터 시작된다.

사냥감이나 적을 찾기 쉽게 직립보행으로 진화한 인간은 자기보다 작은 동물을 사냥하고 식물을 채집했으며 대형 포식자에게 사냥도 당했다.

여기에 약 10만 년 전에 호모 에렉투스, 호모 네안데르탈인, 호모 사피엔스가 불을 사용하는 인지 혁명이 일어남으로써 인간이 먹이사슬의 꼭대기에 오르게 되었다.

부싯돌 하나로 창촉을 만들고 주변에 사는 동물, 식물과 물건, 자기 신체와 감각이라는 내부 세계를 완벽히 터득한 수렵 채집인들은 동작이 빨라졌다. 수렵 채집인들은 먹을거리를 찾아 다른 지역으로 건강한 다리로 걸어서 다양한 식단을 구하고 전염병의 영향도 덜 받았다. 천연두, 결핵, 홍역 같은 전염병은 가축이 된 동물에 기원을 두고 있는 농협 혁명 이후부터 발생했다.

숨 가쁘게 인지 혁명을 설명한 저자는 농업 혁명 이야기의 포문을 연다. 기술과 조직의 방법을 터득한 사피엔스는 아프로아시아를 벗어나 외부세계에 정착을 하며 새로운 세계를 열었다고 말한다. 아프리카 초원에 살던 유인원의 후손인 사피엔스가 배를 건조하고 조종하는 기술을 배워 태평양 해상의 여행자가 되었다. 호주 해안에 발을 들여놓는 순간이 '호모 사피엔스가 특정 대륙에서 먹이사슬의 최상부로 올라가고 이후 지구라는 행성의 연대기에서 가장 치명적인 종' 이 된 시발점이다.

역사의 기록은 인류를 생태계의 초강력 포식자이자 연쇄 살인범으로 보았다. 석기시대 기술뿐인 사피엔스가 생태계의 재앙을 불러온 이유는 대형 동물의 습성을 이용한 사냥 기술과 불을 질러 농경지를 만드는 화전법의 통달과 호주에 닥친 기후변화 때문이었다.

몇천 년이 지나지 않아 몸무게 50kg이 넘는 호주의 대형동물과 작은 종도 대량으로 사라졌으며 호주 전체 생태계의 먹이사슬이 붕괴되고 재조정 되었다. 뉴질랜드의 첫 사피엔스 정착자 마오리족이 섬에 도달한지 8백년 만에 그곳의 대형동물 대부분 멸종됐고 모든 조류 종의 60퍼센트도 멸종됐다. 북극해 랭겔 섬의 매머드도 마찬가지이다. 매머드는 몇 천 년간 번성하다가 약 4천 년 전에 갑자기 사라졌으니 이는 사피엔스가 그 섬에 처음 도착한 그 시기였다.

인류의 진격전은 호모 사피엔스의 뛰어난 창의력과 적응력에 기인한다. 사피엔스가 도착한 지 2천 년이 지나지 않아서 지구상의 대부분의 종이 사라졌다. 대형동물이 멸종하자 이보다 작은 포유동물, 파충류, 조류 수천 종을 포함 곤충과 기생충, 매머드에게 기생하던 모든 진드기 종도 사라졌다. 즉 우리가 범인이다. 수렵 채집인의 확산과 함께 제1의 멸종이 왔고, 농부들의 확산과 함께 제2의 멸종, 오늘날 산업혁명이 일으킨 제 3의 멸종의 물결이 도래한 것이다.

대략 1만 년 전부터 사피엔스는 시간과 노력을 들여 동물과 식물 종의 삶을 조작하였다. 정착을 하여 해 뜰 때부터 해 질 때까지의 노동 시간을 농사에 바쳤으며 좋은 목초지로 양을 끌고 갔다. 모두가 더 많은 과일, 곡물, 고기를 얻으려는 생각 때문이었다.

오늘날 인류를 먹여 살리는 칼로리의 90% 이상이 모두 고대 사피엔스들이 기원전 9500년에서 3500년 사이에 작물화 했던 식물들에게서 온 것이라니 놀랍다.

그렇다면 농업 혁명으로 진화한 농민들은 만족스럽게 살았을까. 저자는 사냥과 채집을 하던 수렵채집인들 보다 더욱 힘들고 불만스럽게 살았다고 말한다. 원인은 한 줌의 식물종인 밀, 쌀, 감자였다. 이들 식물이 호모 사피엔스를 길들였다. 많은 시간과 노동력을 요구하는 밀을 키우기 위해 사피엔스는 등골이 휘었으며 타는 듯한 태양 아래서 일을 해야 했다.

노동의 고난은 아직도 진행 중이다. 21세기 현재도 인간은 토지에 휘둘린다. 도시에 마련한 집을 두고 산골로, 시골로 내려가 농작물을 키우느라 고달프다. 물론 명분이야 맑은 공기와 건강을 취하러 내려갔지만 '내버려 두고 안 할 수가 없어' 늙어서도 자발적으로 노동을 한다. 잠시라도 일손을 쉬면 무성하게 자라는 작물의 역습에 막중한 책임을 등허리에 짊어지고 일을 한다. 문명의 발달로 기계화가 되었지만 노동의 강도는 여전히 세다.

칠십이 넘어서 농사를 시작한 남편도 힘든 노동에 허리가 휘어진다. 하얗던 얼굴도 거무스레하게 탔다. 그러면서도 그동안 주체 못했던 시간을 잘 보낸다고 싱글벙글이다. 남편 따라 친구들도 모여들더니 이제는 농장이 만남의 장소가 되어버렸다.

인류가 세상에 퍼지면서 가축화한 동물도 함께 퍼졌다. 지구에 가장 널리 퍼져있는 대형 포유류를 순서대로 꼽으라면 첫째가 사람이고 2, 3, 4위가 가축화 된 소, 돼지, 양이다. 하지만 우리는 여전히 가축의 고통이나 행복에 무관심하다. 인간의 돈벌이 수단으로 전락해서 좁은 우리에 갇혀 키워진 가축은 설상가상으로 고병원성 조류(AI)에 걸려 생매장까지 당한다. 우리나라도 더 늦기 전에 가축 복지를 생각하는 사육환경과 함께 소비자도 그에 맞는 대가를 지불해야 한다.

인지 혁명, 농업 혁명에 이어 시작된 과학 혁명은 인류에 큰 변혁을 가져왔다. 과학 혁명이 시작된 지난 5백 년간 인간의 힘은 막강해 졌다. 1969년 7월 20일, 인류는 천사와 신의 영역인 우주를 날아서 달에 착륙하였다. 이 사실은 역사적 위업을 넘은 40억 년에 걸친 진화적 업적이며, 우주적 업적이었다. 또 1945년 7월 16일 오전 5시 29분 45초에 미국 과학자들은 엘러머고도 사막에 첫 원자폭탄을 터트렸다. 이후 인류는 역사의 진로를 바꾸는 능력과 함께 역사를 끝낼 능력도 갖게 되었다. 유발 하라리는 엘러머고도 사막의 원자폭탄 투여가 '과학 혁명' 의 시작이라고 말한다.

여기에 덧붙여서 저자는 '21세기의 사피엔스는 스스로의 한계를 초월하는 중이다' 라며 충격을 주었다. 지난 40억 년이 '자연 선택' 의 기간이었다면 이제는 '지적인 설계' 가 지배하는 새 시대가 열리려 하고 있다고 말한다. 그 방법으로 생물학의 수준에서 인간이 계획적으로 개입하는 유전자 이식 같은 '생명 공학' 과 유기물과 무기물을 하나로 결합시킨 존재인 '사이보그 공학',과 완전히 무생물적 존재를 제작하는 '비유기물 공학' 이라고 예견한다.

'생명 공학' 에서는 이미 남자를 거세하는 것과 수술, 호르몬 치료로 아예 여성으로 바꿀 수 있게 되었다. 생쥐 등에 소의 연골을 이식하는 실험이 성공하였으며, 유전 공학을 이용하여 인간에게 이식 가능한 장기를 만드는 기술을 연구 중이다.

시카고 재활연구소는 사고로 두 팔을 잃은 미국의 전기기술자 제시 설리반을 두 개의 생체 공학 팔을 사용하여 생각만으로 팔을 작동시키는데 성공했다.

그렇다면 사람을 유전적으로 조작할 수 있는 시대가 멀지 않은 것이 아닐까. 영화 '로보캅' 처럼 두뇌만 인간이고 나머지는 인공 장기로 대체한 기계인간 사이보그를 거리에서 흔하게 마주칠지 모른다. 미래 과학이 두렵다. 이렇게 되면 과학에 염증을 느껴 자연으로 회귀하는 사람들이 늘어날 것이다.

현재 한국, 러시아, 일본 유전학자들은 멸종 동물 매머드의 유전자 지도를 작성하는 작업을 완료했으며 앞으로 22개월 후에 지난 5천 년 사이에 처음으로 매머드가 태어나는 것을 기대하고 있다. 유발 하라리는 몇 십 년 뒤에 인간의 생리기능, 면역계, 수명과 지적, 정서적 능력까지 변화시키는 현실과 맞닥뜨릴지도 모른다면서 우리가 더 이상 호모 사피엔스가 아니게 될 가능성과 호모 사피엔스의 종말을 고할 가능성도 크다고 말한다.

그러나 이 책에서 무서운 예견은 바로 '무생물적 존재' 인 독립적으로 진화를 겪을 수 있는 컴퓨터 프로그램과 컴퓨터 바이러스이다. 컴퓨터 바이러스는 포식자인 백신에게 쫓기는 한편 사이버 공간 내의 자리를 놓고 다른 바이러스와 경쟁을 한다. 이때 스스로 복제를 거듭하며 인터넷을 통해 퍼져나간다. 만약에 복제과정에서 실수를 하면 컴퓨터화 된 돌연변이가 된다. 이 변종 바이러스가 다른 컴퓨터에 침범하는 능력을 잃지 않으면서 백신 프로그램을 피하는 능력이 더 우수하면, 컴퓨터 바이러스는 잘 살아남고 번식할 것이다.

시간이 가면 사이버 공간은 새 바이러스로 가득 찬다는데 이 문제를 어떻게 해결할 것인가. 전 세계는 물론 우리나라도 북한으로 추정된 해커 집단의 바이러스 공격을 받고 은행 등이 피해를 받았다. 정부나 기업 컴퓨터를 해킹한 정보도둑으로 피해액이 어마어마하다. 과학의 발전으로 생긴 부작용이다.

여기에 2005년에 시작된 '블루브레인 프로젝트' 로 인간의 뇌 전부를 컴퓨터 안에서 재창조하는 작업이 진행중이다. 컴퓨터 내의 전자회로가 뇌의 신경망을 고스란히 모방하게끔 하는 작업이다. 프로젝트 책임자는 충분한 자금이 조달된다면 10~20년 내에 우리는 '인간과 흡사하게 말하고 행동하는 인공두뇌를 컴퓨터 내부에 가질 것이다.' 라고 장담한다. 만일 성공한다면 생명이 유기화합물이라는 40억 년 동안 살던 작은 세계를 떠나 마침내 비유기물의 영역으로 뛰어 들어온다는 것을 의미한다. 2013년에 유럽연합은 이 프로젝트에 10억 유로의 보조금을 지원하기로 결정했다니 자본과 과학기술이 손을 잡은 무서운 사례다.

저자는 미래 기술의 잠재력이 호모 사피엔스 자체를 변화시키려고 한다고 경고한다. 영원히 젊은 사이보그가 성별도 없고 번식도 안 하며, 다른 존재들과 생각을 직접 공유하고, 우리가 상상조차 할 수 없는 감정과 욕망을 가지고 있다면 우리 후계자들은 '신' 비슷한 존재가 될 거라고 《호모데우스》를 통하여 역설한다.

정말 그럴까. 사피엔스의 역사가 막을 내릴까. 이 주제를 생각하는데 스피노자의 '내일 지구가 멸망하더라도 나는 오늘 사과나무를 심겠다' 라는 명언이 생각의 틈을 비집고 나온다.

결정했다. 나는 호모 사피엔스의 종말과 함께 인간 종이 사라진다 해도, 늘 그래왔듯이 연분홍 꽃잎이 분분히 날리는 사과나무 아래서 한 권의 책을 읽어야겠다.

정의를 위하여

지금 바로 오늘, 대한민국의 정의는 살아있는가. '오랫동안 쌓이고 쌓인 폐단' 이라는 말이 '적폐, 원조적폐' 라는 사나운 말로 회자되고 있는 요즘, 정치철학자 마이클 샌델 교수의 《정의란 무엇인가》는 그 함의하는 바가 대단히 크다.

2010년 한국사회에 정의正義 신드롬을 불러일으켜 60만 권 넘게 팔린 정치철학 서적은 우리 사회의 지성들에게 많은 성찰을 안겨주었다. 27세에 하버드대학교 최연소 교수가 된 마이클 샌덜은 정치철학 강의를 36년간이나 진행하면서 학생들 사이에서 20여 년 넘게 최고의 명 강의 교수로 뽑힌 인물이다.

센델 교수의 수업 방식은 따분한 철학 강의를 총체적인 영상 자료를 동원하면서 풀어나간다. 먼저 대형 강의실을 가득 메운 학생들 앞에 등장해서 화면 가득 그 시간 그 주제에 맞는 영상을 띄운다. 이때 주제를 논의할 화두를 제시하며 토론을 이끌 학생들을 여러 명 지목하는데 사실은 철저하게 기획하고 연출한 수업진행표에 따른 것이다. 무작위로 뽑은 것처럼 부르는 학생들의 이름도 다음 주제를 미리주고 찬 반 의견을 이메일로 받은 뒤 이중에서 선발해서 수업시간에 공개적으로 끌어들이는 방식이다. 이러한 샌델 교수의 수업방식은 현장감과 함께 모두를 집중시키며 교수와 학생이 정치철학을 함께 고민하는 진지한 수업 분위기를 낳았다.

《정의란 무엇인가》는 어떻게 해야 올바른가에 대한 해답이 없다. '정의' 에 대해 생각하고 토론하고 합의를 하는 방법론이다. 주제에 대해 각자가 생각하는 찬성 의견이나 반대 의견을 끄집어내어 서로 토론하고 반론을 제시하면서 바람직하게 합의점을 도출해 나가게 한다. 학생들은 센델 교수의 수업을 통해서 딱딱한 이론 수업이 아닌 현실에서 제기되는 민감한 이슈와 주제를 관통하는 정의를 바라보게 된다. 토론을 통해 자신의 고정된 생각을 되돌아보거나 생각이 다른 타자를 수용하는 관용정신을 배운다.

이러한 수업 방식은 서로의 주장이 양극화 되어 둘로 쪼개진 우리 사회에 필요하다. 흑과 백으로 양분화 되어 자기 생각만 옳고 타인의 생각에는 귀를 막고 듣지 않는 정치인들에게 필독을 권한다. 잠시 멈춰 서서 허심탄회하게 서로의 의견을 듣는 훈련이 필요한 그들이다.

지금 바로 오늘도 일어나는 <대한민국 국가 현안> 문제에 대해 정부, 국회, 사법부는 '정의의 가치' 를 최우선으로, 지속가능한 공동체의 미래를 위해서, 땀 흘린 만큼 대접받고 반칙이 허용되지 않는 '공정 사회' '공동 선' 을 가치로 삼아야한다. 나의 졸시 '피자 한 판' 도 이러한 세속을 꼬집었다.

피자 한 판

피자 판을 들여다보면
아름답게 살아가는
세상 이치가 한 눈에 보인다

양파, 피망, 양송이
불고기, 햄, 치즈가
차별 없이 어우러져
색을 맞춘 것도 그렇고

각각의 맛이 버무려져
누구나 좋아하는
새 맛이 되는 것도 그렇다

손바닥 만 한 땅에서
너와 나를 구별하고
네 편 내 편 편을 갈라서
서로의 가슴에 생채기를 내고 있는
색깔론도 버무려진다면
기막힌 한 호흡의 절창일 테다

이 책에서 나의 눈길을 끈 대목은 '철로를 이탈한 전차' 논쟁이다. 엄청난 속도로 달려가는 열차가 브레이크 고장이 나서 기관사는 결정을 해야 하는 기로에 처한다. 직진하면 선로에서 작업 중인 인부 다섯 명이 죽고, 레버를 당기면 다른 쪽 선로에서 홀로 일하는 인부가 죽는다.

센델 교수는 "당신이 기관사라면 어떻게 하겠는가" 라고 도덕적인 딜레마를 묻는다. 그러면서 예로 제라미 벤담의 최대 다수의 최대행복인 공리주의와 우리 모두 각자가 지닌 도덕률에 따라서 행동한다는 칸트의 자유주의, 두 관점을 이야기 한다. 물론 선택은 각자의 몫이다. 나의 저울추는 벤담의 공리주의로 살짝 기울어졌지만 이 딜레마 역시 순간적으로 기지를 발휘해서 선택해야하는 기관사의 선택이다.

이런 사례가 실제로 우리나라에서 일어났다. 센델 교수가 독자들에게 던진 화두를 동아일보 박용경 경제부차장이 −어느 철도 하청 근로자의 죽음 − 이란 제목으로 기사를 썼다. 내용을 요약하면 '경주 지진으로 어수선했던 2016년 10월13일 새벽, 경북 김천 구미역 인근 KTX 선로에서 보수 작업을 위해 선로에 들어선 코레일 하청회사 2명이 지진으로 지연 운행된 KTX열차에 치여 숨을 거뒀다. 캄캄한 새벽 철로에서 일어난 참담한 사고였다. 이 일은 잇단 여진과 수많은 사건 사고 속에 묻혀 졌다.

이 사건은 우리 사회에게 엄중하게 '정의' 를 묻는 사건이다. 사고 열흘 후 경찰조사로 밝혀진 사실은 숨진 직원 2명은 가로 2.5m 세로 3m의 작업용 수레(트롤리)를 먼저 선로 밖으로 밀어내느라 시간을 지체하다 변을 당했다고 밝혔다. 만약에 수레를 밀어내지 않고 세월호 선장처럼 나 먼저 살겠다고 내뺐다면 승객 300명이 탄 KTX 열차에 어떤 일이 벌어졌을지 불 보듯 확실하다. 직원 2명은 목숨을 던져 승객의 생명을 구한 의인이다.

사회는 의로운 죽음을 제대로 평가하지 않고 서로 책임을 밀기에 바빴다. 하청회사 측은 코레일 측의 진입 허가를 받고 선로에 들어갔다고 하고 코레일 측은 진입을 허가한 적이 없다고 했다. 어느 쪽이 선로 진입을 명령했든, 시키는 대로 캄캄한 선로에 들어섰던 현장 근로자는 잘못이 없다. 절체절명의 순간 수레부터 밀어냈던 의로운 희생정신 즉 정의가 발현된 것이다. 샌델 교수가 질문했던 "당신이 기관사라면 어떻게 하겠는가."가 이 사건에 해당된다. 목숨을 던져서 수많은 승객들의 생명을 구했다.

관리 책임이 있는 코레일이 책임 공방부터 벌이니 무책임하다. 숨진 이들이 든든한 노조의 지원을 받는 코레일 정규직이면 이렇게 푸대접을 받을까. 정의에 준하여 합당한 대우를, 의인으로 추대되었기를 바래본다.

노동계 현실은 비슷한 일을 해도 정규직, 비정규직으로 나뉜다. 원청회사, 하청회사로 신분과 소속이 갈리면 대우가 크게 달라진다. 1, 2, 3차 협력 회사로 갈수록 급여와 처우가 곤두박질치는 노동 시장의 이중 구조이다.

2015년 기준 시간당 임금으로 대기업 정규직 100을 기준으로 잡는다면 중소기업 정규직은 49.7, 중소기업 비정규직은 35.0으로 큰 차이를 보여준다. 이러한 현실에서 청년들에게 눈높이를 낮춰 중소기업에 취업하라고 권할 수 있을까? 대기업과 노조의 협력, 정부의 강력한 정책 없이는 '갑'과 '을'로 갈린 노동 시장 이중 구조의 공고한 벽은 허물어지지 않는다. 그러기에 청년들은 백수라는 이름표에도 대기업에 들어가거나 공무원이 되려고 청춘을 소비한다.

센델 교수가 제기한 ―철로를 이탈한 전차―를 확장해보면 곧 도래할 '무인 자동차의 딜레마'가 적용된다. 무인 자동차 연구자에게 '탑승자와 보행자 중 누구를 구하게끔 프로그래밍 하느냐'는 매우 어려운 윤리적인 문제이다.

매사츠공대에서 400명에게 "무인 자동차는 탑승자 1명과 보행자 10명중 누구의 생명을 구해야 할까?"를 설문 조사한 결과 대부분 공리주의 원칙을 지켜야 한다고 응답했다. 그러나 "탑승자 1명이 가족이라면?" 하는 질문에는 그렇게 프로그래밍한 무인 자동차에 가족을 태우지 않겠다고 답했다. 이 사례로 보아 인간의 속성은 이타주의 보다는 이기주의 편에 가깝다는 것을 알 수 있다. 보편적으로 개인의 행복이 만족해야 사회를 돌아보고 선을 베풀 마음이 생긴다.

마이클 샌델 교수가 문제 제기한 《정의란 무엇인가》는 현실 문제를 통해서 정의를 이해하는 방식을 다루고 있다. 해결이 요원하지만 '정의' 라는 담론을 끄집어내어 서로 이야기 하고 토론한다면 성숙한 사회로 나아갈 것이라고 믿는다.

씨앗 한 알의 혁신

어느 날 매력을 듬뿍 지닌 책을 만나 푹 빠져서 열정적으로 읽을 때… 책 속에 숨어있는 화두를 찾으며 집중해서 읽을 때… 나는 말할 수 없는 성취욕에 불타오른다. 작가가 온 마음과 온 몸의 기를 다 소진해서 썼다는 것을 알기 때문이다.

사방에 봄 향기가 짙어가던 5월에 나는 《더 씨드》에 빠져 읽는 내내 행복했다. 평이하게 세상을 바라보던 나의 시선에 더 큰 세상을 바라보게 하는 글의 위력이었다.

녹록지않은 8년 세월이다. 전경일이 탐구하고 고심한 결과물을 나는 독자라는 이름으로 책방에 들려 값을 치루고 그 속에 빠졌으니 얼마나 행복한 책읽기인가.

저자는 무거운 주제를 들고 일반 대중에게 새로운 생각의 씨앗을 전파하는 놀라운 일을 벌였다. 인간의 근원이나 사랑, 고뇌, 슬픔을 논하지 않고도, 찰나의 창조적인 생각이 정체되어있는 사회에 변혁을 가져온다는 착상은 독자들을 흡입하게 하는 마력이다.

이 책을 관통하는 키워드는 '혁신' 이다. 저자는 혁신이야말로 리더십의 표상이며 우리 사회를 이끌어가는 능력으로 보았다. 이런 관점으로 저자는 한국 최대의 혁신가로 우리가 익히 알고 있는 문익점을 꼽았다. 문익점을 통해서 당대의 사회 경제를 읽었으며 경영의 본질을 꿰뚫었다. 넓게는 한국사회와 기업에게 당신들의 '혁신의 씨앗' 은 무엇인가를 묻는다.

고려말기 학자 문익점이 원나라 사행길에서 해외 유출 금지 품목인 목화 씨앗 10알을 몰래 붓통에 넣어 가져온 것은 새로운 혁신의 시작이었다. 문익점은 원나라 들판에서 자라고 있는 목화에서 의류의 혁명을 목격했다. 그동안 수많은 사행 사절단이 오고갔지만 목화라는 솜덩이 섬유작물을 눈여겨 본 것은 문익점뿐이다. 바로 여기에서 우리나라를 발전시키는 힘이 옮겨져 오는 일대 대사건이 일어난다.

문익점은 열매 안에 솜덩이가 조록조록 열린 광경을 보고 성근 옷을 입고 추위를 견디는 남루한 민초들을 떠올렸다. 원나라 사람들이 목화솜에서 뽑은 실로 무명을 짜서 부드럽고 따뜻하게 지내는 것을 보고 거친 옷을 입는 헐벗은 고려 백성들을 생각했다.

어렵게 구해서 고국으로 돌아온 문익점은 경상남도 산청군에서 장인 정천익과 함께 5알씩 나눠서 재배를 한다. 그러나 문익점의 5알은 모두 실패하고 정천익에게서 단 1알의 씨앗만이 구사일생으로 성공하였다. 기다리던 끝에 대궁이 올라오고 꽃이 피었으며 드디어 가을에는 목화열매에서 솜이 터져 나왔다.

문익점과 정천익은 첫해에 100알의 목화씨를 수습하여 3년에 걸친 집중 재배와 종자 채집으로 드디어 10년 안에 한반도 전 지역에 보급한다.

목화씨 1알로 의류계의 일대 혁신을 이뤄냈다. 백성들은 목면木綿이라는 새로운 의류를 만나서 부드럽고 따듯한 솜옷을 만들어 입었다. 이 혁신은 당시 문화생활 전반의 질을 향상시키는 계기가 되었다.

사위와 장인으로 시작한 목면 재배와 목화솜에서 실을 뽑아 옷감을 짜는 직조織造 기술 보급으로 삼베옷에서 무명옷으로 바뀌는 의류 혁명이 일어났다. 집집마다 베틀을 이용하여 짠 면직물은 백성들의 옷감으로 사랑을 받으며 나라 안에 퍼졌다. 지금도 천연 직물인 면제품은 최고의 친환경 옷감으로 사랑받고 있다.

책을 읽으며 1980년대 우리나라에 유행처럼 번졌던 일본 제품 코끼리표 전기밥솥이 떠올랐다. 그 당시 우리나라는 기술력 부족으로 전기밥솥을 생산하지 못했다. 그래서 일반 여행객은 물론 여성 단체 관광객들까지 일본으로 우르르 몰려가서 코끼리표 전기밥솥을 싹쓸이 했던 그런 시절이 있었다. 이 일은 한 · 일 양국의 신문지면을 요란하게 장식했고 우리 사회에 '우리는 왜 못 만드는가' 라는 큰 물음표를 던져주었다.

문익점의 '혁신' 을 읽으면서 기술력의 불모지였던 우리나라 전자제품이 도전 정신과 혁신이라는 두개의 톱니바퀴로 힘차게 돌아가는 쾌거에 흐뭇해졌다.

가마솥의 차진 맛을 재현한 우리나라 압력 밥솥 회사는 '발아현미로 밥을 지어주세요.' '집으로 밥 먹으러 와.' 같이 달콤하게 속삭이는 광고와 함께 '잡곡, 맛있는 취사가 시작됩니다.', '맛있는 밥을 완성하였습니다.' 라는 목소리에 꾀꼬리 소리까지 넣어서 소비자의 마음을 훔치고 외국으로 수출되어 한국 제품의 명성을 드날린다.

세계 가전시장은 대한민국 삼성과 LG제품을 최고품으로 진열하고, 최첨단 혁신으로 무장한 반도체, 휴대폰, 자동차, 조선, 철강 같은 우리 기업은 한국의 수출 효자품목으로 국가의 브랜드를 높여준다.

유럽 여행 중에 거리에서 삼성이나 LG 로고가 적힌 입간판을 보면 자랑스럽다. 대한민국 국민이어서도 그렇고 나라의 국력을 말해주는 것 같아 당당해진다. 아무 것도 없음에서 일류 제품을 창조한 기업이기에 듬직하다.

문익점의 목화 씨앗이 가져다준 대 변혁과 6 · 25전쟁 폐해를 딛고 세계 경제 국가로 도약한 우리나라를 생각한다. 저자는 바로 이러한 새로운 가치를 가진 씨앗 발굴과 함께 그 씨앗을 확대시켜 재생산하는 확산 전략을 통해 성공이라는 새로운 길을 제시했다.

안개, 그 아득한

안개, 안개, 안개로 뒤덮은 무진을 떠올리면 김승옥이 그려낸 무진 풍경이 안개사이로 피어오른다. 김승옥의 《무진기행》은 떠오르기만 해도 안개가 몸을 풀면서 천지가 뿌예지는 것 같다.

무진에 명산물이 없는 게 아니다. 나는 그것이 무엇인지 알고 있다. 그것은 안개다. 아침에 잠자리에서 일어나서 밖으로 나오면, 밤사이에 진주해온 적군들처럼 안개가 무진을 뺑 둘러싸고 있는 것이었다. 무진을 둘러싸고 있던 산들도 안개에 의하여 보이지 않는 먼 곳으로 유배당해 버리고 없었다. 안개는 마치 이승에 한恨이 있어서 매일 밤 찾아오는 여귀女鬼가 뿜어내놓은 입김 같았다. 해가 떠오르고, 바람이 바다 쪽에서 방향을 바꿔어 불어오기 전에는 사람들의 힘으로써는 그것을 헤쳐 버릴 수가 없었다. 손으로 잡을 수 없으면서도 그것은 뚜렷이 존재했고 사람들을 둘러쌌고 먼 곳에 있는 것으로부터 사람들을 떼어놓았다. 안개, 무진의 안개, 무진의 아침에 사람들이 만나는 안개, 사람들로 하여금 해를, 바람을 간절히 부르게 하는 무진의 안개, 그것이 무진의 명산물이 아닐 수 있을까!

안개에, 안개에 의한 안개 본연의 표현을 김승옥만큼 섬세하게 표현한 작가가 있을까. 안개는 몽환적이다. 한치 앞도 못 보는 바로 그 곳. 안개에 갇히면 오도 가도 못한다. 마치 중음의 세상에 와 있는 듯 여기가 저기 같고 저기가 여기 같다. 있는 것도 아니고 없는 것도 아닌 공간이 안개의 공간이다.

그해도 그랬다. 한여름에 눈앞도 안 보이는 짙은 안개라니. 중국 대련을 거쳐 백두산으로 청소년들과 역사 탐방을 떠나려고 인천항에서 여객선을 탔을 때였다. 해무로 하루 낮, 하룻밤을 꼬박 안개가 팔을 벌려 바닷길을 막는 바람에 출항하지 못했다. 안개는 입김을 불어 경계를 흐릿하게 만들고 항구도 촉촉하게 감싸 포위했다. 중국으로 떠나려는 여객선들은 먹물 품은 수묵화가 되어 바다와 붙어있었던 그런 8월이었다.

중국 대련항구부터 진행될 여행 일정이 바뀌게 되어 여행사측 가이드는 얼마나 발을 동동거렸던가. 꿈쩍도 안하는 안개를 보며 주최 측 진행팀장인 나를 보며 고개를 절레절레 흔들었다. 가이드의 한숨은 허공으로 흩어져 안개에게 스며들었고, 나는 안개로 포위된 갑판에서 칠흑의 밤바다를 망연히 바라보았다. 덕분에 백두산 일정은 뒤엉켜서 예약한 열차 대신 두 대로 나눠 탄 버스에 운전기사 네 명이 번갈아가며 밤낮을 쉬지 않고 고구려 옛 평원을 달렸다. 도로 양편으로 끝없이 펼쳐진 옥수수 밭에서 서걱거리는 소리가 고구려 유민의 울음처럼 쫓아왔다. 그해 여름에 그랬었다.

《무진기행》에서 작가는 실제 첫사랑을 녹여 녹았다. 1살 연상의 그녀를 사랑했으나 좌익 활동을 했던 아버지의 과거 경력 때문에 헤어지게 되었던 그 좌절이 슬픔으로 흐른다.

일본 오사카에서 살았던 아버지는 광복 후 귀국하여 처가 마을 순천에 터를 잡았다. 당시 30대 초반이었던 아버지는 1950년 5월에 '여수순천 사건' 으로 작고한다. 이에 충격을 받은 어머니는 자식들을 데리고 바다에 빠져 죽으려고 오동도로 갔다가 다시 마음을 다지고 자식들을 훌륭하게 키운다. 이처럼 두려운 기억은 작가에게 평생 가족을 돌봐야 한다는 책임감으로 자리 잡았다. 수많은 사람들이 죽어가던 시대이기 때문에 슬퍼할 겨를도 없이 어린나이에 공포심과 함께 '죽음' 에 대해 생각하게 되었다. 좌익이다 우익이다 나누기 때문이라는 어른들의 설명에 '생각이 다르면 서로 죽여야 하는 게 인간이란 말인가' 를 생각하며 성장했다. 현대사의 비극을 온몸으로 겪으며 자란 작가이다.

여성은 '여자' 에서 '어머니' 라는 이름을 얻게 되면 강해지는 유전자를 가지고 있다. 어머니라는 숭고한 이름을 얻으면 그날부터 자식을 위해 어떠한 고난도 기꺼이 감당할 수 있는 힘이 생긴다. '엄마' 라는 소리를 듣는 순간 내면에서 사랑이 끝없이 뿜어 나오면서 잘 키워야지 하는 책임감과 함께 투지가 샘솟는다.

작가의 어머니는 엄청난 비극 속에서도 큰아들을 대한민국을 대표하는 작가로 키워내셨다. 이 모두가 끊임없는 독서 욕구를 뒷바라지해준 덕분이다. 삯바느질로 어렵게 가정을 꾸려나가면서도 자식들이 읽고 싶은 책을 책방에서 외상으로 마음껏 사게 하여 월말에 갚은 여장부셨다.

동시대를 살은 같은 여성으로 어머니라는 이름을 벗어던지고 여자를 택한 여인도 있다. 6 · 25 전쟁 중에 태어난 자식을 시댁에게 맡기고 배

부개가背夫改嫁한 여성이다. 시어머니의 오라버니, 즉 나의 큰 시외삼촌은 6·25전쟁 중에 실종됐다. 인천 어느 샛골이라는 지명의 동네에서 국민학교 교사생활을 하던 시외삼촌이 출근한다고 나갔으나 여태껏 집으로 돌아오지 못했다.

손에서 책을 놓지 않아 동네에서 천재라고 소문났던 시외삼촌이 무슨 이유로 돌아오지 않는지 아무도 모른다. 다만 북으로 가다가 두려워서 다시 되돌아왔다는 마을 청년 두 세 명이 전하는 말로는 시외삼촌이 북으로 가는 사람들 속에 섞여 갔다고 한다.

시외삼촌 집에서는 책이 멀쩡한 사람을 망쳤다고 그 많은 책을 불태워 버렸다. 마당에서 널름대며 타는 책무더기와 함께 가족들의 애끓는 마음도 새까맣게 타들어 갔다. '여자'를 택한 시외삼촌댁은 핏덩이 아들을 버리고 떠났다. 시외삼촌의 한 점 혈육인 아들은 할머니와 할아버지, 작은아버지, 고모들의 사랑으로 반듯하게 자라났다. 시외할머니는 손자가 돌아오지 않는 아빠와 떠나간 엄마 생각에 외로울까봐 사랑을 듬뿍 모아 상처를 꽁꽁 싸매주었다. 그해 여름에 그랬었다.

작가가 경험했던 어머니의 고향 순천… 순천만… 다대포 앞바다…그리고 갯벌 체험… 참으로 눈에 그려지는 아련한 풍경이다. 작가는 문장의 마술로 나를 순천 속으로 녹아들게 만들었다. 1964년 사상계 10월호에 발표한 《무진기행》의 마력이다.

그럭저럭 현실에 잘 적응하고 적당히 타협을 하며 살아가던 '나'가 서울을 떠나서 무진으로 내려가는 버스에서부터 시작되는 여행 소설이다. '나'는 무진에서는 서울서 출세한 똑똑한 사람으로 인식되지만 정작 본인은 앞만 보고 달렸던 자신을 무진에서 위로받고자 한다. '나'가 겪은 두 개의 공간, 즉 서울에서의 일상적인 공간인 세속적인 현실과 무진에서 꿈꿨던 꿈이 꿈틀대는 해방 공간을 대비시켜 이야기가 펼쳐진다. 이 소설의 매력은 아내의 급히 상경하라는 전보를 받고 갈등하는 부분이다. 섬세하고 치밀한 문장이 빛이 난다. 한 개인의 귀향과 탈향을 통해 현대인이 살아남기 위해서 버릴 수밖에 없는 내면을 그렸다. 소설의 결말은 서두처럼 '나'는 전보의 눈을 피하며 하인숙에게 썼던 편지를 찢어버리고 서울행 버스를 타고 탈향을 한다.

> 덜컹거리며 달리는 버스 속에서 나는, 어디쯤에선가, 길가에 세워진 하얀 팻말을 보았다. 거기에는 선명한 검은 글씨로 '당신은 무진읍을 떠나고 있습니다. 안녕히 가십시오' 라고 쓰여 있었다. 나는 심한 부끄러움을 느꼈다.

김승옥은 말한다. "순천은 일상에 밀려 변방으로 쫓겨난 아득한 도시인 셈입니다. 누구에게나 자신 만의 무진이 있는 거지요." 그렇다면 김승옥의 무진은 무엇일까. 그것은 일본 출생, 광복, 6 · 25전쟁, 여수순천사건, 4 · 19혁명, 광주민주화운동 등 현대사의 풍랑을 온몸으로 맞은 역사가 아닐까.

나만의 무진은 무엇인가. 나의 무진은 문학이다. 일반화된 일상에서 문학과 접속해야 겨우 숨을 쉬는, 내 정신과 몸이 따로 노는 현실에서, 절대적으로 몸과 타협해야만 하는 나를 위해, 문학은 숨 쉴 구멍을 내어준다.

마음을 달래는

사바 세계를 살아가다 보면 견디고 참아내야 하는 일이 너무나 많다. 늘상 가던 길을 가는데도 어떤 문제가 복병처럼 나타나서 마음 밭을 헝클어 놓는다. 바로 이럴 때 비책이 있다. 그것은 바로 조오현 스님이 번역해서 풀이한 《벽암록》을 읽으면서 마음을 달래는 일이다.

벽암록은 여느 책처럼 목차를 따라 읽지 않아도 된다. 손끝 닿는 대로 아무페이지나 펼쳐서 읽어도 기다렸다는 듯이 주옥같은 구절들이 우리를 반겨준다. 특히 스님의 사유를 담은 '사족' 은 벽암록의 백미이다. 선사禪師께서 아주 낯선 방식으로 툭 던지는 화두의 오묘함을 일반 대중들을 위하여 길잡이가 되어 풀었다. 그것도 시인 스님답게 문학적인 수사까지 곁들이니 마치 정성껏 차린 밥상처럼 술술 맛나게 읽혀진다.

무산 조오현 스님은 2018년 5월 26일 5시 11분에 입적하셨다. 승납 60년이고 세납 87세이다. 영결식은 설악산 기슭 조계종 신흥사에서, 다비식은 강원도 고성 건봉사로 모셔 치렀다.

스님은 열반 게송으로 '천방지축 기고만장 허장성세로 살다보니 온몸에 털이 나고 이마에 뿔이 돋는구나 억!' 을 남기셨다. 아마도 계율에 얽매이지 않고 거칠 것 없는 무애도인無碍道人으로 한세상 잘 살았구나, 후생에 소가 되어서라도 중생을 돕겠노라 라는 말씀이 아닐까. 좁은 소견에 그런 생각이 든다.

스님은 시조시인으로 문학계와 인연을 맺어 현대 시조문학에 큰 공헌을 하셨다. 독립운동가이며 시인인 만해 한용운의 정신을 기리고자 <만해축전>을 만들고 <만해대상>도 제정했다. 큰돈을 들여 조성한 만해마을도 동국대학교에 기증하신 그런 분이다.

《벽암록》은 중국 송나라 때 발행된 선禪 수행에 귀중한 지침서가 되는 10권의 불경이다. 설두중현雪竇重顯이 조주종심趙州從諗과 운문문언雲文文偃을 중심으로 하는 100개의 공안公案인 고칙공안백칙古則公案百則을 모아 하나하나에 송頌을 붙였다.

참선 공부에 훌륭한 교재로 《벽암록》을 꼽는다. 불교에 대한 득도와 해탈하는 법을 스스로 깨우치게 하여 번뇌에서 벗어나는 방법을 가르쳐 준다.

간화선은 일상생활에서 조사들이 던지는 말과 행동을 붙들어서 깨닫는 화두 공부이다. 화두는 수행자가 방심하는 순간을 틈타 바로 비집고 들어오는 온갖 견해와 상념을 쳐내기 위한 방편이다. 이때 간화는 '화두를 본다. 화두를 든다' 라고 말한다.

스님이 번역해서 쉽게 풀이한 《벽암록》은 화두를 통한 수행서이다. 1700가지 공안 가운데서 100가지의 선화禪話를 가려 뽑아 본칙으로 소개하고 문제의 핵심을 제시하는 수시垂示, 깨달음을 노래로 덧붙인 송頌과 스님의 자세한 해설인 사족蛇足을 붙였다. 선화의 서두에는 수시에 대한 이해를 돕고 결미에는 스님 특유의 일갈로 대중들의 마음을 깨우치는 해석을 보태었다.

스님은 읽는 이들에게 자신이 쓴 사족보다 원오선사의 수시와 설두선사가 간추린 본칙本則과 송頌을 음미하라고 당부한다. 그러나 아무리 몰두해서 본칙과 송을 읽어보아도 아리송하고 어렵기만 한 것이 꼭 책 제목처럼 거대한 철벽 바위를 마주 대하고 있는 것 같다. 그러다가 스님의 사족을 읽으면서 비로소 죽비로 맞은 듯 풀리면서 마음에 스며들었다.

온통 사방이 고해의 바다뿐인 세상사에서 책은 삶과 죽음에 대한 초연한 가르침으로 우매한 대중들의 마음을 어루만진다. 예컨대 제2칙 '조주부재명백' 의 사족에서 "인간의 불행은 자기중심의 아집에서 생긴다. 세상을 살면서 갈등하고 투쟁하는 것은 자기중심의 아집이다. 이데올로기가 그렇고 종교가 그렇다. 이데올로기와 종교는 그것이 아니면 안 된다는 절대가치로 인해 티끌 하나도 용납하려 하지 않는다. 종교적 광신이나 이데올로기에 열광하는 사람들을 보면 그것이 얼마나 위험한 것인지 알 수 있을 것이다." 라고 지적한다.

이런 정신으로 <민해대상>도 보수, 진보, 종교를 가리지 않고 현 시대의 양심을 상징하는 인물을 뽑아 시상을 했다.

현재 우리 사회에서 필요한 것은 똘레랑스 정신이다. 사회적으로 자신과 다른 사상과 문화적 취향에 대해 관용으로 마음을 열어야 하는데 흑백논리로 내 편, 네 편 가르는 이분법이 만연해 있는 게 현실이다.

관용의 정신은 정치적으로 경직된 한국 사회에 꼭 필요한 화두이다. '나와 생각이 다른 남을 인정하는 것' 에서 부터 민주주의가 샘솟는다. 이를 바탕으로 타협과 배려가 생기면서 사람을 귀하게 여기는 행복한 사회가 된다.

제10칙 '목주할후' 와 제36칙 '장사춘의 '에서는 시인 스님의 문학 사랑이 엿보인다. 스님은 서정주의 시를 흉내 낸다고 서정주를 뛰어넘지 못하므로 자기만의 몸짓, 자기만의 목소리로 시를 지으라고 일갈한다. 도저히 참선이 잘 안 된다는 대중에게는 다른 것을 다 그만 두고 하루에 한 편, 아니면 일주일이나 한 달에 한 편씩이라도 시를 읽고 하루를 시작하라고 권하고 있다. 그러면서 시 읽기는 자신의 내면을 닦는 일이요. 자신을 성찰하는 일이라고 하셨다.

외계 세계인 양 내려앉은 침묵 속에서 각자의 스마트폰만 들여다보고 있는 지하철 풍경이 자연스러운 현상이 된 것을 우리는 경계해야 한다. 기계음 대신 종이책의 감촉을 즐기며 책 속으로 사유의 여행을 떠나는 풍경이야말로 현대 사회를 풍요롭게 한다. 스님은 바로 기계 감정을 주입시키는 과학 문명이 정신을 압도하는 세상을 염려하고 있다.

제82칙 '대룡견고법신' 에서 설두선사는 법신의 모습을 철학으로 노래했다.

아직 물을 줄도 모르니
대답해도 알 리가 없지
달빛은 차갑고 바람은 높은데
해묵은 바위에 쓸쓸한 전나무
우습다 길에서 도인을 만나다니
말로도 침묵으로도 대꾸하지 않는 구나
백옥으로 만든 채찍을 손에 들고
검은 용의 구슬을 잘도 부수었구나

때려 부수지 않으면 흠집만 더하려니
국법으로 따져 구천 가지 죄가 되

백담사에 칩거 중일 때 오현 스님도 백담사의 밤풍경을 이렇게 노래했다.

달빛은 차갑고 바람은 높은데
해묵은 바위에 쓸쓸한 전나무

시대를 건너 일맥상통하는 밤풍경이다.

2013년 여름 햇살에 따듯하게 몸을 말리던 백담사 계곡의 너럭바위가 눈에 선하다. 대낮에도 숲 입구는 그늘이 져서 서늘해 보였는데 밤중의 백담사 풍경은 깜깜절벽이겠지. 아마도 적막 그 자체로 선禪을 수행할 것 같다.

인문학을 리딩하다

동네마다 자리 잡은 작은 도서관이 퍼트리는 향기는 대단하다. 외양이 크고 화려하지 않아도 아담한 도서관 문을 밀고 들어서면 마음이 편안해진다. 반갑게 맞아주는 직원들의 미소에 나도 덩달아 웃는다.

서가에 빽빽이 꽂힌 책들의 숨소리도 정겹다. 책 제목과 눈을 맞추며 위 칸 아래 칸을 훑다보면 잡다한 근심이 걷히면서 시간도 정지된다. 종이 냄새도 좋다. 새로 들어온 책에는 잉크 냄새가, 대출이 많이 나갔던 책에는 수없이 손끝으로 책장을 넘겼던 냄새들이 배어있다. 책들의 곳간인 도서관이 주는 정겨움이다.

매주 금요일 아침이면 나는 「강서구립푸른들청소년도서관」으로 책을 읽으러 간다. 도서관이 강좌명으로 붙여준 <푸른하늘독서회>로 모인 지 2년이 다 되어간다. 봄이 꽃을 불러 모아 수채화로 색칠하기 시작한 재작년 3월부터 인문학도서 읽기 수업이 시작되었다.

낭독은 여럿이 모여 돌아가면서 소리 내어 읽는 과정에서 사람을 변화시킨다. 마음을 모아 눈으로 입으로 소리 내어 읽다보면 독서삼도讀書三到가 저절로 된다. 혼자 읽는 책읽기에서 같이 어울려 읽으면 작가가 풀어낸 시린 이야기가 읽는 이의 감정으로 스며들 때가 많다.

2018년 《이상문학상 작품집》에 실린 손홍규의 자선대표작 <정읍에서 울다>를 읽을 때였다. 두 쪽씩 돌아가며 읽던 중에 60대 남자 회원 두 명이 자기 차례가 오자 목이 잠겨서 흐트러진 목소리로 읽는다. 늙은 남편이 치매에 걸려 툭 하면 사라지는 늙은 아내를 찾아서 업고 집으로 가다가 막막해서 길가에 조심스레 내려놓고 솔밭으로 들어가서 한참을 소리 죽여 울다가 나오는 장면이었다.

이 장면에서 남자 회원들은 돌아가신 아버지가 생각난다고 울먹였다.

> 아내의 두 눈에 밤하늘의 별들이 그득했다. 그는 솔밭으로 들어가 한참을 소리 죽여 울었다. 잊었던 일들, 잊었다고 믿었던 일들, 잊을 수 없었던 일들이 한꺼번에 그에게 들이닥쳤다.

남자 작가가 남자의 입장에서 겪는 처연한 묘사에 두 남자 회원은 아버지 가시는 마지막 길에 무뚝뚝하게 보내드렸던 일이 떠올라서 눈물이 나왔다고 한다. 우리 모두 남자들의 눈물에 같이 뭉클해졌다. 남자라는 동질성으로 작가가 표현한 도저히 주체 못하는 막막한 문장에 울컥했다.

> 남정네 죽으면 여편네 스무 해라지만 여편네 죽으면 남정네 두 해라네

다 울고 나서 다시 아내를 업고 비칠비칠 걸어가던 늙은 남편이 아내

에게 속삭이던 말에 회원들 모두가 전염이 되어 눈이 촉촉해졌다. 이렇게 낭독은 감정을 쥐락펴락 하며 독서 시간을 휘어잡는다.

내가 하는 역할은 책을 읽는 중간 중간에 작가가 말하고자 하는 메시지를 탐색하도록 도와주는 일이다. 어려운 문장을 풀이해주거나, 2시간 독서 후에 각자가 느낀 감정을 그대로 토해내도록 이끌어 준다. 우리 독서회는 그동안 5주 째 맞는 금요일이거나, 야외 수업을 빼고는 한 주도 거르지 않고 도서관에 모여서 책을 읽었다.

5070세대가 모인 독서반 고정회원은 모두 13명이다. 읽어오라는 숙제도 없이 머리를 맞대고 같이 읽는 모임이 좋아서 모인 회원들이다. 시인, 소설가, 수필가, 정년 퇴임한 교사들과 독서광들이 모였다.

정재찬의 《시를 잊은 그대에게》를 시작으로 2017년, 2018년 《이상문학상 작품집》과 이승하의 《세계를 매혹시킨 불멸의 시인들》 정종명의 짧은 소설 《이상한 문상》, 《화가와 농부》, 신춘문예 소설 당선작품들, 박재홍의 《검은 표지석》《계간문예》발행 《상상탐구》에 실린 소설과 수필을 분석하며 읽기와 유발 하라리의 《사피엔스》를 읽었다. 지금은 제러드 다이아몬드의 《총, 균, 쇠》의 마지막 장 <특별 증보면>을 앞두고 있다.

책은 스스로 줄기를 뻗어나간다. 유인원에서 사이보그, 호모사피엔스의 종말까지 다룬 《사피엔스》를 완독하니 저자 유발 하라리가 참고 도서로 삼았다는 《총, 균, 쇠》가 곁가지로 딸려 나왔다. 이 책은 꽤 두툼한 책으로 인내력을 발휘해서 읽어야 한다는 평이 붙은 책이다. 누구나 제목은 알지만 읽다가 포기한 책이기도 하다.

우리 회원들은 용감하게 《총, 균, 쇠》에 도전했다. 장장 4개월하고도 3주일 째 읽는 책이다. 작가가 설파한 무기 · 병균 · 금속이 인류의 운명을 바뀠다는 장대한 담론을 거의 넘어왔다. 작가가 누누이 말하고자 하는 주제를 관통하며 같이 걸어왔다. 수렵 채집민들이 생존에 필요한 절대적인 식량과 가축, 무기를 갖춘 농경민들에게 정복당하는 과정을 지켜보았다.

"할머니! 이렇게 어려운 책을 읽어요?"

"당신, 힘들 걸. 다 읽나 한 번 내기해 볼까?"

"와! 엄마, 대단해. 나도 읽다 포기했는데…"

회원들은 가족의 놀란 표정과 함께 응원을 받으면서 읽어내었다. 금요일 오전 10시30분에 도서관에 모여서 서로를 격려하며 읽은 덕분이다.

모두 다 동네 작은 도서관이 나누어준 사랑의 향기이다.

이스탄불의 소리

소리에도 결이 있어 공기와 섞이면 종소리처럼 흩날리며 거리를 돌아다닌다. 비행기에서 내려 낯선 나라에 발을 딛는 그 순간부터 소리는 독특한 음색으로 속삭이면서 나그네의 영혼을 훔쳐간다.

태초의 울림을 닮은 소리는 사물과 사람 속에 뒤섞이고 스며들어 독창적인 에너지를 만들며 역사라는 이름의 숨결과 포개진다.

전통 스카프인 히잡에 수줍은 듯 꽃 장식 머리띠를 멋스럽게 얹어 쓴 젊은 여성들이 활보하는 거리에 서서 따듯한 공기에 몸을 맡겨 보았는가. 강렬한 선글라스에 미니스커트 입은 멋쟁이 여성들이 명품거리를 활보하고, 쌍꺼풀진 깊은 눈에 오뚝한 코가 매력적인 남성들이 넘치는 거리에서 이국의 정취가 자아내는 신비한 소리에 빠져 영혼을 맡겨본 적이 있는가. 고대가 켜켜이 쌓인 세월의 틈새 속에서 빠져 나와 자유분방한 현대와 섞이면서 일상을 지배하는 나라가 바로 터키제국이다.

터키를 대표하는 '소리' 의 으뜸으로 '아잔소리' 를 꼽고 싶다.

첫째 날, 이스탄불의 그랜드스호텔 객실에서 여섯 시간의 시차 때문에 잠을 못 이루고 얕은 잠으로 뒤척이고 있을 때 어디선가 둥 둥 북소리가 엄숙하게 들려왔다. 북소리는 마치 출정을 나가는 병사들을 격려하듯이 일정한 리듬을 타고 온 도시에 울려 퍼진다. 웬일이지, 무슨 소리일까! 어리둥절해서 시계를 들여다보니 이스탄불 시간으로 새벽 4시 30분이다.

호기심이 일어나서 커텐을 살짝 젖혀보니 어둠은 장막을 펼쳐 도시를 감싸 안고 밤기운은 넘실거리며 나에게로 달려온다. 어둠과 눈을 마주친 나는 어떤 막막한 두려움에 휩싸여서 전등불을 환하게 밝혔다.

북소리가 끝나고 어디선가 슬프고 처량 맞은 나지막한 남자의 목소리가 객실을 가득 채운다. 음절을 길게 끌면서 내는 소리는 내 귓속을 파고들면서 내가 드디어 이슬람 문화권에 깊숙이 들어왔다는 향수를 불러일으킨다.

어어이, 어어 하고 길게 끄는 아랍어 독경 소리는 내 안에 내재되어있는 슬픔의 샘을 자극하고, 나는 괜히 슬퍼져서 가슴을 후벼 파는 소리를 숨죽이며 받아들인다. 어느 음절에서는 질책하듯이, 혹은 다독이듯이 울려 퍼지는 독특한 소리에 나도 나의 내면과 마주했다. 이 땅에도 골짜기가 있구나. 그래서 골짜기에 드리워진 깊은 주름살을 펴려고 이리도 애절하게 사람을 부르는구나. 그 신비한 소리는 오 분 동안 주위에 다른 소리들을 잠재우더니 꼬리를 길게 끌며 어둠속으로 사라진다.

그 괴이쩍고 신비한 소리는 새벽 예배 시간을 알리는 아잔소리 라고 한다. 전 국민의 99%가 이슬람교도인 터키 사람들은 북소리에 잠에서 깨어나 얼굴과 귀, 발을 닦고 성스러운 예배를 준비한다. 그리고 나지막하게 읊조리는 아잔소리에 맞춰 메카를 향하여 경건하게 머리를 조아리는 의식을 치른다. 나는 터키 여행 내내 하루에 다섯 번씩 울리며 터키인의 삶을 지배하는 아잔소리를 들으면서 이국적인 터키의 문화를 흠뻑 즐겼다.

어느덧 계절이 바뀌었는데 나는 아직까지도 그 여름날의 터키를 잊지 못한다. 터키를 생각하면 내 가슴에서 따뜻한 기운과 함께 알싸한 그리움으로 몸이 떨려온다. 거리 곳곳에서 그리스, 로마, 이슬람 문명이 혼재되어 툭툭 튀어 나오는 풍광이 아름다운 영상으로 내 마음 속에 각인되어 있다.

시간은 세월이란 이름으로 흐르고 그리움은 쌓여 내 마음속 서랍이 꽉 찰 무렵 나는 이스탄불을 영상으로 찍은 영화 두 편과 만났다. 번개처럼 영화관으로 달려가서 '그를 찾지 말아야한다. 복수의 상대를 잘못 골랐다.' 라는 자극적인 활자와, 나의 그리움의 대상인 '블루모스크' 와 함께 권총을 움켜진 어두운 표정의 리암리슨이 나오는 ' 테이큰 2' 와 역시 새떼가 블루모스크 지붕 위를 날아오르는 찰나를 배경으로 찍은 영국 첩보원역의 다니엘크레이그의 '007 스카이폴' 과 마주하였다.

두 영화 모두 여섯 개의 첨탑인 '미나레트' 를 거느린 블루모스크를 뒷배경으로 수천 개의 상점이 미로처럼 연결된 그랜드 바자르라고 불리는 시장의 골목길과 지붕 위에서 거친 장면을 찍었다. 그랜드 바자르 안에서 "촉촉 인드림(깎아주세요)"하며 상인들과 흥정을 해보았지만 내가 본 것은 거대한 재래시장의 겉모습이었고 그랜드 바자르의 속살은 영화 속의 생생한 장면으로 몰입되어 보았다.

그랜드 바자르의 지붕길이 이렇게도 넓은가. 지붕길은 마치 네모반듯한 두부모처럼 끝없는 길이 서로 떨어진 골목길을 이어주었는데, 이 길에서 '테이큰2' 의 전지전능한 힘을 가진 전직 CIA요원 리암니슨은 딸과 함께 납치된 아내를 구출하려고 납치범들과 쫓고 쫓기는 혈투를 벌인다.

또 '007 스카이폴' 의 제임스본드 다니엘 크라이그도 이 그랜드 바자르 지붕 위에서 무자비한 액션을 펼치는데 급기야는 자동차가 그랜드 바자르의 유리 천장을 뚫고 시장바닥으로 떨어지는 장면까지 나온다. 연기인 줄 알면서도 슐탄시대에 만든 이 유서 깊은 시장을 이렇게 망가트려도 되나 하는 걱정과 함께 나는 영상 속으로 빨려 들어갔다.

화면은 긴박하게 양쪽으로 길게 늘어선 가게를 비추고 가게 주인과 손님들은 뒤엉켜서 007 제임스 본드와 범인들을 피하느라 물결처럼 쫙 흩어진다. 나는 바로 이 장면에서 8월의 여름날 느기적느기적 그랜드 바자르 안을 걸으면서 터키 상인들과 찻잔을 쭉 늘어놓고 전통 문양을 고르면서 흥정했던 그 추억이 생각나서 촉촉해졌다.

터키어로 깎아 달라는 나의 말에 굵은 눈썹을 치켜 올리면서 두 손을 넓게 펼쳐 보이며 안 된다고 "호로로르 틱" 하고 고개를 젖혀 보이는 터키 상인의 유쾌한 목소리가 영화 화면을 뛰쳐나와 나에게로 달려온다.

비단길의 종착지여서 수많은 동서양의 물건들로 넘쳐났던 그랜드 바자르는 여전히 옛 골목 그대로 미로 같은 모습으로 잔잔한 매력을 내뿜는다. 발자국에 닳아 반들반들해진 시장 길까지도 이야기가 풍성하다. 그 험난한 실크로드 여정 길을 뚫고 온 상인들을 위해 기도소와 숙소, 목욕탕과 말과 낙타를 위한 우리까지 완벽하게 마련했던 그랜드 바자르의 거친 역사는 존재만으로도 숭고하다.

자유 여행이 아니었기에 쪼가리 시간에 맞춰 바삐 거닐었던 풍경들이 영화 속에서 만난 뒷골목 길과 합쳐져서 정겨운 얼굴로 나에게 다시 짐을 싸라고 꼬드긴다.

레미제라블

아무리 애달픈 영화라도 꿈쩍 않던 내가 눈물을 주르르 흘렸다. 그것도 줄줄. 영화 끝머리에서 드디어 눈물샘이 열려 흐르는 대로 내버려 두었다.

'Look down, Look down…' 첫 장면부터 흘러나오는 웅장하다 못해 비장한 죄수들의 합창소리는 앞으로 전개될 영화의 주제를 긴박하게 암시하고 인권 유린의 실상을 보는 나는 그 처절함에 몸서리를 친다.

어찌 사람의 힘만으로 저리 거대한 함선을 끌어당길 수가 있는가. 수백 명의 헐벗은 죄수들이 어깨에 굵은 동아줄을 걸고 채찍의 감시를 받으며 오로지 맨몸으로 기울어진 함선을 항구로 끌어 잡아당긴다. 이때 울분에 찬 노랫소리는 음표를 송곳처럼 일으켜 세우고 비탄은 절망의 합창이 되어 죄수들 머리 위로 너울거린다. 뮤지컬 영화의 강렬한 흡인력이다.

장발장 역의 휴 잭맨은 엉기성기 짧게 자른 머리에 세월이 길러준 덥

수룩한 턱수염 얼굴로 세상을 향해 짐승처럼 울부짖고 '레미제라블' 의 영화 제목처럼 비참한 민중들은 영화 속에서 거친 숨을 쉰다.

최첨단 영상 기술은 19세기 프랑스 파리 민중들의 처절한 표정을 가까이 클로즈업해서 집단군중의 헐벗은 모습을 공포로 보여준다. 영상은 삶의 나락으로 떨어진 절대빈곤의 슬픔을 끝 간 데 없이 펼쳐놓아서 나도 프랑스 혁명의 태동기로 날아가서 영화 속의 한 점이 되었다.

생존에 필요한 한 덩이의 빵을 구하려고 파리 시민들은 어른 아이 할 것 없이 전쟁 같은 삶을 거리에서 살아낸다. 여기에 국가의 녹봉을 먹는 자베르 경감을 태운 마차는 기득권의 상징인 양 요란한 채찍 소리와 함께 맹렬하게 달려가고, 차디찬 지하 도로에 옹송거리고 모여 있는 민중들은 마차를 피해서 물결에 휩쓸리듯 양쪽으로 갈라진다. 이윽고 마차가 통과하자 부자들이 사는 지역을 경계 짓는 철문이 나타나면서 도시 빈민들은 철벽처럼 가로막힌 쇠창살을 부여잡고 빵을 달라고 절규한다. 빵 한 덩이 훔친 죄목으로 19년의 옥살이를 했던 장발장 같은 또 다른 장발장들이 생존을 위하여 울부짖는다.

소수의 특권층이 그들만의 천국을 이루고 사회 전체가 지옥같이 궁핍한 국가는 결국 몰락의 길을 밟게 된다. 프랑스 혁명도 이렇게 민중들이 오랫동안 권력의 횡포 속에서 참혹한 굶주림을 겪어왔기에 필연적으로 일어날 수밖에 없었던 사회혁명이었다.

'잘 산다' 라는 정의는 무엇일까. 그것은 21세기인 지금도 여전히 밥' 의 문제이다. 하루 밥 세 끼니를 아무 걱정 없이 먹으면 그 것으로 안분지족 이다.

그런데 사람의 마음은 만족이 없어서 '밥' 을 구하면 또 다른 물질에 욕심을 낸다. 집안에는 사람 대신 가구가 공간을 점령하고 옷장은 빽빽한 옷들로 숨쉬기 힘들어 한다. 사람의 욕심은 끝이 없어 욕심은 또 다른 욕심을 낳고 유행은 새로운 유행을 만들며 소비를 부추긴다.

그러면서 가슴 한 편으로는 불확실한 사회 변동으로 그나마 유지하고 있는 삶의 질에서 추락이라도 할까봐 불안해하는 것이 우리네 인간이다.

산소를 뿜어주는 개화산과 고즈넉한 공원이 가까이에 있어 아름다운 우리 동네도 삶의 애상이 흐른다. 아파트 숲과 상가거리 사이의 좁은 이면 도로가에 자리 잡은 술집 거리는 언제나 망치 소리가 요란하다.

부자가 될 꿈을 가졌던 누군가는 폐업을 하고 부자가 될 꿈을 가진 누군가는 개업을 한다. 그리고 여전히 술집 골목이라는 명성 때문에 일상에 지친 사람들이 몰려든다.

비 오는 날 거리에 서서 간판을 새로 바꾸는 인부들의 작업을 한동안 바라본 적이 있다. 그때 열정으로 빛나는 젊은 새 주인의 얼굴을 보며 나는 그의 앞길이 순조롭기를 빌었다. 그때 가슴으로 시가 스며들어 왔다.

빗방울들이 헐레벌떡 뛰어 들어와
유리창에 부딪친다

곧은길을 만들다가 엉클어져
샛길로 오불꼬불 빠져드는 물방울들
우리네 삶도 저러하지 않은가

순한 길을 골라가도
울퉁불퉁 복병처럼 가로막고
한참 가다 뒤돌아보면

지나온 길은 까마득하게
몸을 숨긴다.

물방울 인생길을 안은
저 순수의 가슴

(비 오는 날 /전문)

다시 장면은 판틴 역의 앤 헤서웨이가 거리의 여자로 떨어져 절망을 헤매는 영상을 보여준다. 주인공 장발장과의 운명적인 만남의 시작이다. 장발장은 판틴과 그녀의 딸 코제트를 통하여 헌신적인 사랑과 박애를 보여준다.

"보고 싶은 영화 있으면 골라봐."

선택권을 주었을 때 주저 없이 '레미제라블' 을 택했던 고등학생 제자의 어깨가 점점 옆으로 기울어진다. 나는 눈이 젖어 스멀스멀 하던 중인데 공부에 지친 소녀는 프랑스 혁명가 소리도 자장가로 듣는다.

"자니? 눈 떠봐. 지금이 핵심이야."

소녀는 어깨가 반듯 세워지다가 이내 스르르 무너진다. 그래. 네 몫까지 내가 두 배로 감동을 받을게.

마침 화면은 끈질기게 쫓아 다니는 자베르 경감의 목숨을 구해주는 장발장의 모습을 비춰주며 '인간에게 용서란 무엇인가' 를 묻고 있었다.

엘리시움

두 개의 세상은 진정 존재하는가? 불행하게도 그 해답은 그렇다 이다. 날 것 냄새가 강렬한 본시리즈의 주역 맷 데이먼이 주연한 미래영화, 할리우드 블록버스터 <엘리시움>은 현대를 살아가는 우리에게 한가득 고민거리를 안겨준다.

모든 SF영화가 그러하듯이 미래를 영상으로 표현한 세계는 어둡다. 환경은 파괴되어 남루해지고 인간 위에 군림하는 로봇 군단이 등장한다. 그리고 로봇들은 인간에게 쇠붙이 무기를 들이대고 죽음보다 못한 삶을 살아내게 만든다. 이러한 디스토피아에도 부를 움켜진 계층과 빈손바닥뿐인 계층으로 극명하게 나눠진다.

지금으로부터 140년 후의 지구를 그린 <엘리시움>은 바로 디스토피아 세계를 극대화시킨 영화이다. 극심한 환경 파괴로 더러워진 지구에는 오도 가도 못하는 99%의 못 가진 자가 남았고, 나머지 1%는 우주에 둥근 모양의 인공 구조물을 세워 깨끗한 환경 도시를 만들었다. 그리고는 우주선을 타고 이주를 해서 자기들만의 세상을 꾸민다. 이러한 설정이 이 영화가 주는 무한한 상상력이다.

그들만의 엘리시움에는 각 가구마다 CT모양의 최첨단 치료기가 있어 거주민이 치료기에 누우면 어떠한 불치병이라도 온 몸을 한 번 훑고 지나가는 것으로 병을 완치시킨다. 엘리시움에서 지구로 파견된 로봇 전사들은 반항하는 지구인을 감시하고 그들이 위조된 신분으로 불치병을 치료하러 엘리시움으로 스며들면 가차 없이 응징한다.

결국 미래 사회도 부가 권력이다. 얼마만큼의 부를 소유하고 있느냐에 따라 엘리시움으로의 이민 자격을 얻느냐 혹은 질병과 고통으로 가득 찬 지구에서 그들이 보낸 무자비한 로봇 경찰의 감시를 받으며 살아가느냐가 이 영화의 핵심이다.

109분의 영상에 포로로 잡혀있는 동안 나의 감성은 메말라 갔으며 이성은 날아다녔다. 숨 막히는 가진 자와 못 가진 자의 투쟁을 보면서 그래도 결말에 주인공 맷 데이먼의 선의가 탐욕을 이기는 따뜻한 이야기에 마음을 놓았다.

마치 2007년 미국을 휘청거리게 했던 월가의 금융 자본가들이 그들만의 철옹성 안에 쌓았던 거대한 탐욕을 보는 듯 했다. 집값 폭락으로 중산층은 하류층으로, 하류층은 극빈자로 계층 이동을 했던 긴박한 시점이었으며 1%대 99%라는 팻말을 들고 그들을 고발하던 그 시기였다.

이 영화 <엘리시움>이 꼭 닮았다. 1% 와 99%를 전면에 내세우며 관객들에게 소유하지 못한 부의 부재에 대한 공포를 스멀스멀 안겨준다. 그러면서 욕심 없이 매사에 감사하며 그럭저럭 사는 소시민인 우리에게 이런 세계가 와도 괜찮겠느냐고 묻는다.

엘리시움에서는 제러미 벤담이 주장하는 최대 다수의 최대 행복이라는 공리주의 법칙은 존재하지 않는다. 도덕의 최고 원칙인 행복의 가치도 황금의 위력 앞에서는 기를 못 펼 뿐이다.

현재 우리는 우리의 삶의 질을 좌우하는 질병조차도 경제력이 좌우하는 시대에 살고 있다. 국민건강보험공단은 연구 자료를 분석하면서 우리나라 4대 중증질환 지원 수혜자 절반이 소득 상위 30% 라고 발표했다. 이 통계로 보면 고소득층은 양질의 의료 서비스를 누리며 건강한 노년을 준비하고, 저소득층은 일용할 의식주에 휘둘려 병든 노년을 맞게 되는 것이다.

저출산 고령화 시대를 맞이하여 우리 사회에 보편화된 요양 제도에도 경제 논리가 움직인다. 요양원에도 양극화가 있어 각 가정이 가진 재력에 따라 형편껏 수소문해서 찾아간다. 의료 기술의 발달로 기대 수명은 연장되었지만 늙음으로 오는 노년의 질병은 무방비 상태인 요즈음에 일어난 현상이다.

아직도 강화에 있는 요양원에 들어가신 작은시숙부 내외분을 문병하러 갔던 날이 마음 한구석에 저리다. 두 분의 요양원 입소는 언제나 마음 씀씀이도 넓고 한없이 다정하셨던 팔십 살의 작은시숙모님이 치매라고 불리는 병에 덜컥 덜미를 잡히고 나서였다. 맞벌이인 아들, 며느리는 시대의 흐름에 따라 요양원으로 모셨고, 시숙부님도 마나님 따라 같이 들어가셨다.

면회실에서 불과 서너 달 만에 얼굴이 밀랍처럼 허옇게 바래진 작은시숙부님이 안쓰러웠다.

"같이 고생하시지 말고 작은아버님만이라도 집에 가세요."

"집에는 밥해줄 사람이 없어서 못 간다. 또 이 사람이 가엾어서 어쩌누. 그래도 내가 있어야지."

희미한 웃음만 되돌아온다.

요양원은 현관 밖이 바로 찻길이라 밖으로 못 나가게 한다는 원장의 너털 웃음이 왜 그렇게 엉너리치는 선웃음으로 보였을까. 두 분이 계신 방조차도 다른 환자들이 동요한다며 구경을 못하게 하더니 한참 만에 올라가는 것을 허락한다.

이제 우리나라 경제 부흥에 이바지했던 부모 세대의 말년은 요양원으로 포장된 현대화에 등을 떠밀려가고 있는 중이다. 100세 시대를 맞아 뇌세포에 병이 들어서 사물을 잊어버리는 노망이라는 병에 걸리면 생업에 뛰어다니는 자식들은 통과의례로 각자의 형편에 따라 요양원에 모셔 놓고 안심한다. 우리 부모 세대는 윗세대가 임종할 때까지 지극정성으로 병구완을 했는데 정작 자신들은 집에서 보살핌을 받지 못하고 낯설고 물설은 요양원에 맡겨진다.

영화 <엘리시움>이 말하고자 했던 경제와 의료의 양극화 현상이 철벽처럼 무겁다. 아직은 어정쩡한 중늙은이인 우리 세대는 말년의 노후를 어떻게 맞이할 것인가. 이것이 내가 나에게 묻는 화두이다.

서치가 새 문을 열었다

'시대에는 그 시대의 예술을, 예술에는 자유를'

황금색 '키스'의 화가 클림트가 분리파 초대 회장을 맡으며 분리파 회관 입구에 내건 혁명적인 선언이다. 클림트는 오스트리아 빈 미술계에 전통적으로 내려오던 견고한 화풍 대신 새로운 예술의 문을 활짝 열었다. 금세공사 아들답게 온통 황금 색깔로 관능적이고 사랑스러운 작품을 파격적인 화풍으로 표현했다. 2018년 올해는 작고한 지 100주년이 되는 해이다.

영화 <서치>도 그렇다. 이 영화는 '영화계 최초' 라는 수식어가 어울린다. 덧붙여서 앞으로 영화계는 <서치> 전과 후로 양분될 거라는 예감도 든다. 101분짜리 영화를 꼼짝 않고 몰입해서 본 소감이다.

영화는 시작과 동시에 화면을 꽉 채운 컴퓨터 프로그램들이 출렁거린다. 유튜브, 페이스북, 인스타그램, 개인방송 채널, 구글맵 같은 SNS 정보가 조연으로 나와서 영화를 압도한다. 배우의 연기는 오프라인 장면 보다 온라인 장면이 더 많다. 91년생인 인도계 미국인 영화 감독 아니쉬 차간디의 실험 정신이 눈부시다. 반전에 반전을 더한 스릴러로 긴장감을 높인 영화가 무척이나 젊고 신선하다. 더구나 SNS로 범인을 추적한다니 기막힌 발상이다.

한국계 배우 존 조는 미국에 터전을 내린 한인 중산층 가족의 아빠 역할을 맡아 한국어 한 마디 없이 영어로만 연기한다. 그러기에 더욱 실감난다. 실종된 딸을 찾기 위해 딸이 접근했던 가상 세계에서 범인을 찾으려 고군분투한다.

아빠 데이빗은 고1 짜리 딸 마고가 현실에서 친한 친구가 없는 것에 절망한다. 딸을 잘 안다고 생각했는데 막상 딸 친구를 찾으려니 아무 것도 모르는 자신이다. 데이빗은 딸이 놓고 간 노트북으로 실마리를 찾으려고 SNS를 열어 검색해 본다. 이게 웬일인가. 놀랍게도 디지털 기기에서 현실에서 찾을 수 없었던 딸의 흔적들이 줄줄이 딸려 나온다. 이 과정에서 아빠로서 알지 못했던 딸의 실망스러운 모습도 보게 되었다.

결국 데이빗은 SNS에서 진짜 범인을 찾지만, 영화는 쉴 사이 없이 전자기기에 빠져 사는 이 시대의 소통 부재를 고발한다. 노트북 화면에서 깜박거리는 커서는 마음을 초조하게 만들고, 얼마든지 타인의 사진과 영상을 캡처해서 신분을 속일 수 있는 가상 환경에 나는 소스라치게 놀랐다.

편리하게 '언제 어디서나' 를 내세우는 유비쿼터스 환경은 역기능이라는 그늘이 숨어있다. 쇼셜네트워크는 접속하는 사람의 모든 정보를 기록해서 사회적 관계망을 저장한다. '누구와 관계를 맺었으며 어떤 존재인가' 가 지워지지 않고 쫓아 다닌다. 페이스북에 한 번 올렸던 사진은 다른 SNS로 갈아탔더라도 여전히 따라오고 옛 친구 사진까지 보여준다.

데이빗은 전자기기에 능숙하다. 비공계계정 비밀번호를 풀어 의심인물의 전화번호를 알아내고 검색에 검색을 거쳐 결국 범인을 찾아낸다. 그러나 범인은 전혀 뜻밖의 인물이다. 마고는 자신의 장례식을 치르던 날, 아빠 데이빗의 끈질긴 추적으로 실종 5일 만에 구출된다. 낭떠러지에 떨어졌던 3일 후에 내린 비가 그녀를 살렸다. 이때 나는 비로소 미심쩍었던 마음을 풀고 움츠렸던 어깨를 폈다. 깔끔한 결말이다.

전자기기와 소통하는 현대인의 속성을 잘 잡아낸 영화다. 현실 세계에서 친구가 없더라도 가상 세계에서 사회적 관계를 맺는 '오늘'을 담았다. 1인 가구가 늘어나는 시대이다. 카페에서 노트북을 켜놓고 커피와 조각 케익을 시켜서 혼자 공부하다가, 배고프면 혼자 밥을 먹는다. 이런 풍경이 전혀 낯설지 않게 되었다.

나도 글을 쓰려고 노트북을 가지고 그들 속에 묻혀 있을 때가 많다. 신기하게도 집에서 쓰는 것보다 글이 잘 써진다. 각 개인이 집중하는 '몰두'가 합해져서 시너지 효과를 내는 것 같다. 토닥토닥 좌판 두드리는 소리, 파라락 책장 넘기는 소리, 쪼로록 빨대로 커피 먹는 소리… 아니, 무엇보다 젊음의 열기가 좋다. 젊음들이 뚫어지게 보는 시험이라는 교재에 내 창작의 무게도 얹혀서 같이 또랑또랑해진다.

SNS가 만능인 세상… 밥도 옷도 가구도 친구도 만드는 세상… 기계와 혼자 놀고 팔로우가 많아서 '좋아요'를 많이 눌러주면 행복한 세상… 그러면서 정작 혼자 있고 싶지 않아 '누가 나를 봐 주세요' 기계로 외치는 세상이 지금의 현실이다.

방탄소년단에 빠져 유튜브 영상을 보는 나를 보고 막내딸이 인스타그램을 추천해준다. 페이스북과 사진 공유앱이 합쳐서 더 효율적이라고 한다.

"시간을 많이 뺏기지 않을까? 그렇지 않아도 유튜브 때문에 글 쓰는 시간을 도둑맞는데…"

스마트폰을 내밀다가 <서치>가 떠올라서 내 개인 정보를 익명으로 처리해서 가입하라고 했다.

바탕화면에 깔린 인스타그램앱을 보며 '이거, 나도 기계 인간에 편입되는 거 아냐' 하는 생각과 함께 아빠 데이빗이 찡그린 얼굴로 딸의 행방을 추적하는 <서치>가 한 장면 가득 떠올랐다.

계간문예수필선 113

연필, 그 사각거리는

초판 인쇄 | 2019년 3월 5일
초판 발행 | 2019년 3월 15일

지 은 이 | 홍재숙
회 장 | 서정환
발 행 인 | 정종명
편집주간 | 차윤옥

펴낸곳 | 도서출판 계간문예
편집부 | 03132 서울 종로구 삼일대로 30길 21 종로오피스텔 1209호
주소 | 03132 서울 종로구 삼일대로 32길 36 운현신화타워 305호
전화 | 02-3675-5633, 070-8806-4052
팩스 | 02-766-4052
이메일 | munin5633@naver.com
등록 | 2005년 3월 9일 제300-2005-34호
ISBN 978-89-6554-196-7 04810
ISBN 978-89-6554-133-2 (세트)

값 15,000원

이 도서의 국립중앙도서관 출판예정도서목록(CIP)은 서지정보유통지원시스템 홈페이지(http://seoji.nl.go.kr)와 국가자료공동목록시스템(http://www.nl.go.kr/kolisnet)에서 이용하실 수 있습니다. (CIP제어번호: CIP2019007809)